Schumacher/Görig (Hrsg.)

Handlungsorientierte Situationsaufgaben für

Bürokaufleute

umweltfreundlich
... weil auf chlor- und säurefreiem Recyclingpapier gedruckt.

Autorenverzeichnis

1. Telly, bitte melden! — Bernt Schumacher — Reinbek
2. Im Netz — Eckbert Görig — Hamburg
3. Formvollendet – Brief 5008 — Sabine Dreessen-Bruhn — Pinneberg
4. An die richtige Adresse — Hans-Joachim Birk — Gernsbach
5. Wer oder was ist wo im Büro — Eckbert Görig — Hamburg
6. Sitzen Sie richtig? — Hans-Joachim Birk — Gernsbach
7. Gut organisiert ist halb gewonnen — Reinhold Volk — Heilbronn
8. Netto – Der kümmerliche Rest — Eckbert Görig — Hamburg
9. Schritt bei Schritt — Reinhold Volk — Heilbronn
10. (AB + EB)/2 — Jörg Bensch — Solingen
11. Kaufen oder leasen? — Bernt Schumacher — Reinbek
12. Im Wettbewerb — Hans-Joachim Birk — Gernsbach
13. Quergeschrieben — Bernt Schumacher — Reinbek
14. Abgemacht — Jörg Bensch — Solingen
15. Lieferung mangelhaft — Jörg Bensch — Solingen
16. Wer zu spät kommt — Jörg Bensch — Solingen
17. Im Prämiendschungel — Bernt Schumacher — Reinbek
18. 15 % – Einer kassiert immer — Bernt Schumacher — Reinbek

Handlungsorientierte Situationsaufgaben für

Bürokaufleute

Herausgegeben von
Diplom-Handelslehrer Bernt Schumacher und
Diplom-Handelslehrer Eckbert Görig

Zur Herstellung dieses Buches wurde chlor- und säurefrei gefertigtes Recyclingpapier, zur Umschlagkaschierung eine Folie verwendet, die bei der Entsorgung keine Schadstoffe entstehen läßt. Auf diese Weise wollen wir eine aktiven Beitrag zum Schutz unserer Umwelt leisten.

Die Deutsche Bibliothek - CIP-Einheitsaufnahme

Handlungsorientierte Situationsaufgaben für Bürokaufleute / hrsg. von Bernt Schumacher und Eckbert Görig. - Ludwigshafen (Rhein) : Kiehl, 1997
   ISBN 3-470-48431-7

ISBN 3-470-**48431**-7 · 1. Auflage

© Friedrich Kiehl Verlag GmbH, Ludwigshafen (Rhein) 1997

Alle Rechte vorbehalten. Dieses Buch und alle in ihm enthaltenen Beiträge und Abbildungen sind urheberrechtlich geschützt. Mit Ausnahme der gesetzlich zugelassenen Fälle ist eine Verwertung ohne Einwilligung des Verlages unzulässig.
Druck: Präzis-Druck, Karlsruhe

Vorwort

Aus der Praxis – für die Praxis

Die heutigen Anforderungen an ein modernes Lehr- und Lernbuch lassen sich am besten beschreiben mit den Kriterien:

- Praxisbezug und Praxisrelevanz,
- fächerübergreifende Fragestellungen und
- handlungsorientierte Lösungsmodelle.

Das waren auch die Leitgedanken, die uns veranlaßt haben, eine neue Buchreihe für kaufmännische Ausbildungsberufe zu starten.

Handlungsorientierte Situationsaufgaben für Bürokaufleute ist der erste Band, der nun vorliegt.

Er richtet sich an alle Auszubildenden zum Bürokaufmann und zur Bürokauffrau. Das Buch deckt hauptsächlich die Lerninhalte der allgemeinen und der speziellen Wirtschaftslehre des Rahmenlehrplans ab. Aber gleichfalls werden auch Stoffgebiete des Rechnungswesens und der Informationsverarbeitung berührt, so daß ein möglichst breites und repräsentatives Spektrum an Aufgaben anzutreffen ist. Und doch mußten wir eine Auswahl treffen.

Unsere 18 Situationsaufgaben sind einheitlich im Aufbau, aber unterschiedlich im Schwierigkeitsgrad und Umfang. Sie können deshalb sowohl vom ersten Ausbildungsjahr unterrichtsbegleitend als auch während eines späteren Zeitraums zur Prüfungsvorbereitung genutzt werden. Durch die zahlreichen Materialien aus der Praxis und den sehr ausführlichen Lösungsteil eignet sich das Buch gut zum Selbststudium.

Herausgeber und Verlag sind für Verbesserungsvorschläge und ernst gemeinte Kritik offen und dankbar.

Hamburg und Ludwigshafen, im September 1997 *Bernt Schumacher*
Eckbert Görig

Inhalt

Vorwort 5

Inhalt 7

Situationsaufgaben

1. Telly, bitte melden! 9
2. Im Netz 15
3. Formvollendet – Brief 5008 23
4. An die richtige Adresse 25
5. Wer oder was ist wo im Büro? 29
6. Sitzen Sie richtig? 31
7. Gut organisiert ist halb gewonnen 33
8. Netto – Der kümmerliche Rest 39
9. Schritt bei Schritt 47
10. (AB + EB)/2 51
11. Kaufen oder leasen? 53
12. Im Wettbewerb 59
13. Quergeschrieben 63
14. Abgemacht 67
15. Lieferung mangelhaft 75
16. Wer zu spät kommt 81
17. Im Prämiendschungel 87
18. 15 % – Einer kassiert immer 93

Lösungen

1. Telly, bitte melden! 101
2. Im Netz 105
3. Formvollendet – Brief 5008 109
4. An die richtige Adresse 111
5. Wer oder was ist wo im Büro? 115
6. Sitzen Sie richtig? 117
7. Gut organisiert ist halb gewonnen 119
8. Netto – Der kümmerliche Rest 125
9. Schritt bei Schritt 131
10. (AB + EB)/2 135
11. Kaufen oder leasen? 143
12. Im Wettbewerb 147
13. Quergeschrieben 149
14. Abgemacht 153
15. Lieferung mangelhaft 157
16. Wer zu spät kommt 161
17. Im Prämiendschungel 165
18. 15 % – Einer kassiert immer 169

Stichwortverzeichnis 173

Telly, bitte melden!

Situation 1

Die Matthias Nagel OHG möchte ihre Außendienstmitarbeiter mit Handys ausrüsten. So will man den Absatz direkter und zeitnäher steuern. Die Mitarbeiterin Kristina Baumann wird von ihrem Abteilungsleiter Grüneisen beauftragt, herauszufinden, welcher Tarif am günstigsten ist.

Kristina Baumann holt sich während ihrer Mittagspause, die sie immer in der naheliegenden Einkaufspassage verbringt, aus dem dortigen Telekom-Laden einige Broschüren*. Zurück im Büro fällt ihr etwas auf (siehe Abb. 2).

Kristina weiß, daß die Telekom zwei Konkurrenten im Mobilfunk hat: Die Mannesmann AG, die das D2-Netz betreibt und die E-Plus Mobilfunk GmbH. Von beiden fordert Kristina deshalb Preislisten an. Am nächsten Tag sind sie bereits in der Post, so daß Kristina zwei Tabellen erstellen kann.

Herr Grüneisen ist mit Kristinas Übersichten zwar zufrieden, hat aber dennoch einige Anmerkungen. Er hätte gern die D1-Tarife nach dem gleichen Schema gestaltet wie die D2- und E-Plus-Tarife. Und: „Können Sie mir sagen, wie ich mich in diesem Tarifdschungel zurechtfinden soll? Welcher Anbieter mit welchem Tarif ist für uns eigentlich am günstigsten?" Kristina lächelt und gibt zu bedenken: „Um Ihnen diese Frage genau beantworten zu können, benötige ich noch einige Zusatzinformationen."

E-Plus-Tarife	Partner	Partner Plus	Profi	Profi Plus
Anschlußpreis	49,00 DM	99,00 DM	49,00 DM	99,00 DM
Monatliche Grundgebühr	44,00 DM	19,95 DM	59,00 DM	59,95 DM
Mindestumsatz		20,00 DM		10,00 DM
Inlandsgespräche				
Hauptzeit	1,64 DM	1,79 DM	1,19 DM	0,89 DM
Nebenzeit	0,39 DM	0,39 DM	0,49 DM	0,59 DM
Intern im Netz				
Hauptzeit	0,59 DM	0,59 DM	0,59 DM	0,59 DM
Nebenzeit	0,29 DM	0,29 DM	0,29 DM	0,29 DM
Verkehrszeiten				
Hauptzeit	08:00 - 18:00	08:00 - 18:00	07:00 - 20:00	07:00 - 20:00
Nebenzeit	18:00 - 08:00	18:00 - 08:00	20:00 - 07:00	20:00 - 07:00
Vertragslaufzeiten	12 Monate	24 Monate	12 Monate	24 Monate
Taktzeiten	6 Sek.	60 Sek./1 Sek.	6 Sek.	60 Sek./1 Sek.
Deaktivierungspreis	74,75 DM	74,75 DM	74,75 DM	74,75 DM

Abb.1: E-Plus-Tarife

---

* alle Tarife gültig bei Drucklegung

Abb. 2: Übersicht Tarife D1

D2-Tarife	Fun	Fun 24	Classic	Classic 24
Anschlußpreis	49,90 DM	99,00 DM	49,90 DM	99,00 DM
Monatliche Grundgebühr	49,90 DM	24,95 DM	78,20 DM	69,95 DM
Mindestumsatz		15,00 DM		10,00 DM
Inlandsgespräche				
Hauptzeit	1,89 DM	1,89 DM	1,29 DM	0,99 DM
Nebenzeit	0,39 DM	0,39 DM	0,56 DM	0,56 DM
Intern im Netz				
Hauptzeit	0,69 DM	0,69 DM	0,69 DM	0,69 DM
Nebenzeit	0,39 DM	0,39 DM	0,39 DM	0,39 DM
Verkehrszeiten				
Hauptzeit	08:00 - 18:00	08:00 - 18:00	07:00 - 20:00	07:00 - 20:00
Nebenzeit	18:00 - 08:00	18:00 - 08:00	20:00 - 07:00	20:00 - 07:00
Vertragslaufzeiten	12 Monate	24 Monate	12 Monate	24 Monate
Taktzeiten	6 Sek./15 Sek.	60 Sek./1 Sek.	15 Sek.	60 Sek./1 Sek.
Deaktivierungspreis	0,00 DM	69,00 DM	0,00 DM	69,00 DM

Abb. 3: Übersicht D2-Tarife

Aufgaben

1. Erstellen Sie eine Tarifübersicht für D1 nach dem gleichen Schema wie für D2 und E-Plus.
2. Von welchen Faktoren sind die Tarife für den Mobilfunk generell abhängig? Nennen Sie die anfallenden fixen, semivariablen und variablen Kosten.
3. Welche Zusatzinformationen benötigt Kristina, um den günstigsten Anbieter bzw. Tarif für die Nagel OHG zu finden?
4. Wie lautet die lineare Gesamtkostenfunktion?
5. Stellen Sie grafisch die lineare Gesamtkosten-, die Fixkosten- und die variable Kostenfunktion dar.
6. Erstellen Sie für die D2-Tarife Classic und Classic 24 diejenigen Kostenfunktionen, die auf den Inlandsgesprächen zur Hauptzeit basieren. Berücksichtigen Sie dabei sowohl die Anschlußpreise als auch den Deaktivierungspreis zeitanteilig.
7. Berechnen Sie die kritische Menge, d.h. die Anzahl der Gebühreneinheiten, die Auskunft darüber gibt, wann welcher der beiden E-Plus-Partner- und Profi-Tarife zur Hauptzeit für Inlandsgespräche günstiger ist. Lassen Sie dabei die Anschluß- und die Deaktivierungspreise unberücksichtigt.
8. Ermitteln Sie die beiden Kostenfunktionen, die auf den D1-Telly- Eco- und ProTel Eco-Tarifen zur Hauptzeit für Inlandsgespräche basieren, und stellen Sie sie grafisch dar. Lassen Sie dabei die Anschlußpreise unberücksichtigt.

Situation 2

Am nächsten Tag bekommt Kristina vom Juniorchef, Matthias Nagel, eine Aufstellung über die wahrscheinliche Gesprächsstruktur sowie eine Rechnung mit der Bemerkung in die Hand: „Checken Sie bitte durch, welcher Anbieter bei diesen Daten am günstigsten ist. Nehmen Sie die 24-Monats-Geschäftstarife. Die Deaktivierungskosten müssen Sie dabei nicht berücksichtigen und geben Sie bitte diese Rechnung (s. Abb. 4) in die Buchhaltung."

		1. Jahr	2. Jahr
Inlandsgespräche	Hauptzeit	550	650
	Nebenzeit	100	150
Intern im Netz	Hauptzeit	300	350
	Nebenzeit	50	150

Etwas später, als Kristina ihrem Freund Tobias während der Mittagspause von ihrer mühsamen Arbeit erzählt, sagt der hoch erfreut und mit einem Augenzwinkern: „Das ist ja toll, daß du eine Expertin auf dem Gebiet bist. Ich habe vor, mir ein Handy anzuschaffen. Wenn ich das Nokia 2110i nehme, dann muß ich bei einem 12-Monats-Vertrag 49,00 DM für das Gerät zahlen. Bei dem 24-Monats-Vertrag 199,00 DM. Das modernere Nokia 8110 kostet dagegen 399,00 DM bzw. 549,00 DM für das D1-Netz bei den Telly-Tarifen. Was rät's du mir?"

···T··Mobil·

DeTeMobil Deutsche Telekom MobilNet GmbH
Postfach 30 04 44, 53184 Bonn

Frau/Herr/Firma 1152300	**Bei Rückfragen unbedingt angeben!**	
	D1-Kundennummer	01083203
Matthias Nagel	D1-Kundenkontonummer	01152300
Heidenhorstweg 15	D1-Rechnungsnummer	11315543
	Datum	05.11.97
D -22397 Hamburg	**Bei Zahlung unbedingt angeben!**	
	Verwendungszweck	1152300155431
	Letzte Rechnung vom	08.10.97
	Verbindungsdaten abgerechnet bis	03.11.97
	Umsatzsteuer ID-Nr. DeTeMobil	DE 122265872
	Für Rückfragen	Tel.: (0130) 0171
		Fax: (0180) 54171

Rechnung

	DM
Einmalige Bereitstellungspreise	0,00
Monatliche Grundpreise	45,22
Verbindungspreise	149,78
Sonstige Positionen	0,00
Rechnungsbetrag Netto	195,00
Umsatzsteuer 15 %	29,25
Rechnungsbetrag Brutto / zu zahlender Betrag	224,25

Der Rechnungsbetrag wird von dem uns genannten Konto abgebucht.
Bankverbindung: Kontonummer: 1056803198, BLZ: 20050550, Haspa
Ist Ihre Bankverbindung noch aktuell? Falls nein, siehe Rückseite.

Ihre D1-Telekarte: 04118996

Leistung	Datum	DM
Monatliche Grundpreise		
Telly D1-Anschluß	01.10.97 - 31.10.97	42,61
Telly D1-Einzelverb.	01.10.97 - 31.10.97	2,61
D1-Rufnummer: (0171) 6833540		
Verbindungspreise		
Telly Gespräche im D1-Netz		14,08
Telly AlphaService im D1-Netz		0,13
Gespräche in fremden Netzen		135,57
Rechnungsbetrag Netto für D1-Telekarte: 04118996		195,00
Umsstzsteuer 15 %		29,25

DeTeMobil Deutsche Telekom MobilNet GmbH
T-Mobil ServiceCenter
Postfach 30 04 44, 53184 Bonn
Landgrabenweg 151, 53227 Bonn
Postbank Essen (BLZ 360 100 43), Kto-Nr. 5688-434
Dr. Ron Sommer (Vorsitzender)
Dr. Lothar Hunsel (Vors.), Franz Furtmeier, Horst Joachim Grieme, Klaus Hummel, Klaus Vitt
Werner Renz, Matthias Weber
Amtsgericht Bonn, HRB 5891

Abb. 4: Rechnung D 1

Aufgaben

9. Welcher der drei Anbieter ist mit welchem Tarif bei der dargestellten Tarifstruktur der Nagel OHG am günstigsten?
   Erstellen Sie eine Übersicht zur Entscheidungsfindung
   a) für das 1. Jahr und
   b) für das 2. Jahr
   mit Hilfe eines Tabellenkalkulationsprogramms!

10. Wie muß die Telefonrechnung (Abb. 4) gebucht werden, wenn der Juniorchef das Handy ausschließlich geschäftlich nutzt, und wie, wenn er es rein privat gebraucht? Bilden Sie beide Buchungssätze!

11. Berechnen Sie alternativ die Kosten - ohne Gesprächseinheiten -, die pro Jahr bzw. während der zweijährigen Laufzeit für beide Nokia-Geräte anfallen. Ermitteln Sie außerdem die Kosten pro Monat.

12. Aus welchem Grund sind die Geräte bei einer längeren Laufzeit preiswerter?

Im Netz

Situation

Susanne Teblar ist seit einem Jahr als Bürokauffrau bei der Firma Hardy Hanson GmbH, Werthweg 14, 22045 Hamburg, beschäftigt. Die Firma vertreibt Stoffe und Textilzubehör als Groß- und Einzelhändler. Nur drei Abteilungen sind mit einem alten 386er PC ausgestattet. Die Buchhaltung berechnet die Löhne und Gehälter, die Verkaufsabteilung schreibt Rechnungen und ein Mitarbeiter des Einkaufs erledigt seinen Schriftverkehr per Computer.

Herr Hanson hat Susanne den Auftrag erteilt, Vorschläge für eine komplette Neuausstattung des Unternehmens mit EDV-Komponenten zu erarbeiten. Vierzehn Mitarbeiterarbeitsplätze sollen mit Hard- und Software ausgestattet werden. Selbstverständlich möchte Herr Hanson auch Kommunikationsmöglichkeiten der Mitarbeiter innerhalb des Unternehmens und nach außen gewährleistet sehen und eine Ausstattung auf dem neuesten Stand der Technik vornehmen.

Bezüglich der Datensicherheit im Unternehmen sprach Herr Hanson von „lückenloser Sicherheit" und als weitsichtiger Chef war unter dem Stichwort „Mitarbeiter und EDV" folgendes vermerkt: „Mit Widerständen vor allem bei älteren Mitarbeitern ist zu rechnen."

Susanne hat ihre Aufgabe gründlich durchdacht und mehrere Anfragen bei Büroausstattern und EDV-Unternehmungen getätigt. Ein erstes Angebot der Firma RDO hat sie erhalten:

Real Data Organisation
Am Werder 12
21335 Lüneburg

Hardy Hanson GmbH
Frau Teblar
Werthweg 14

22045 Hamburg

Ihr Zeichen	Unser Zeichen	Tel.-Durchwahl	Lüneburg
Teb	sd/pc	(0 41 31) 6 71-8 17	97-08-21

Sehr geehrte Frau Teblar,

Ihre Anfrage vom 14. August 1997 haben wir dankend erhalten und erlauben uns, Ihnen freibleibend anzubieten:

1. **Server**
    1.1. **Hardware**
        1 Compaq ProSignia 500 5/150 M 4300   6.799,00 DM
        – Prozessor Intel 200 MHz
        16 KB Internal Cache, 256 KB Second-Level-Cache
        32 MB HighSpeed-RAM, max, 208 MB, PCI-Architektur
        1x Diskettenlaufwerk 3,5"/1,44 MB
        4,3 Gigabyte SCSI-2 Festplatte <10ms Zugriffszeit
        Tower mit leisem Netzteil, 2 parallele und 2 serielle Schnittstellen
        CD-ROM-Laufwerk: Quadspeed > 600 KB/sec SCSI-2
        SCSI-Controller 32 Bit Fast SCSI-VGA Grafikkarte
        freie Steckplätze 4xEISA, 1xPCI, 240 Watt Netzteil, Tastatur
        3 Jahre Garantie, 3 Jahre Vor-Ort-Service

        1 Speichererweiterung 32 MB Kit (2x16 MB)   659,00 DM
        1 Unterbrechungsfreie Stromversorgung USV, 1.000 VA Leistung   898,00 DM
        (unterbrechungsfreie Stromversorgung des File-Servers bei plötzlichem Stromausfall, Überbrückung bis zu 10 Minuten)
        1 Überwachungsmonitor 9 Zoll VGA-Monitor s/w-Darstellung   220,00 DM

Real Data Organisation

Seite 2

1.2 Software

1 Compaq Arc-Serve 6.0 Single Server Backup-Software   769,00 DM
für Windows NT
ermöglicht schnelles und unbeaufsichtigtes Backup des File-Servers und schnelles Wiederherstellen direkt am Fileserver, die Daten müssen nicht über das Netz übertragen werden, Datenträger für Software: CD-ROM

MS Windows NT 3.51 Server, Datenträger: CD-ROM   849,00 DM

14 MS Windows NT 3.51 Client   79,00 DM   1.106,00 DM

2. Datensicherung

2.1 Spiegelung der Daten

1 Festplatte Kapazität 4,3 GB Fast Wide SCSI-2   2.349,00 DM

3. Workstation

3.1 Hardware

14 Syntron PC MT P133 PCI mit   2.629,00 DM   36.806,00 DM
Intel Pentium 133 MHz
- 256 KB 2nd Level Cache Pipelined Burst Modus
- Mainboard: Soyo SY5 VA2 mit Intel Triton Chipsatz
- 16 MB RAM, max. 128
- Steckplätze: 4x32 Bit PCI (3x frei) + 4x16 Bit ISA (2x frei)
- Festplatte 2 GB Seagate hawk ST32155 SCSI-2-Interface
- Diskettenlaufwerk 3,5"/1,44 MB
- SCSI-2-Controller Tekram DC 390 PCI-Interface
- Schnittstellen on Board: 2x seriell (16550FIFO), 1x parallel, 2 Floppy (2,88 MB Support), 2x eIDE PIO Mode 4
- Grafikkarte: S3 Trio 65 V + 2 MB EDO-RAM, 50 ns
- Chery MF-Tastatur incl. MS-Windows 95 (Datenträger: CD-ROM und Logitech Mouse, Midi-Tower-Gehäuse

14 Lan-Adapter SMC EtherEZ 8416 BTETH   159,00 DM   2.226,00 DM
16 Bit, ISA-Interface

3.2 Software

14 Corel Office Professional 7.0 für Windows 95,   799,00 DM   11.186,00 DM
Datenträger: CD-ROM

Real Data Organisation

Seite 3

4. Faxen im Netz
Castelle FAXPress 1500 1L   7.599,00 DM
- externer FAX-Server für Win NT, Prozessor Motorola 6802, 8 RAM
- TCP/IP Unterstützung für bis zu 100 User Netzwerke
- Fax senden und empfangen im Netz, manuelles Routen von Faxen mit vier Sicherheitsstufen, DOS und Windows Client-Software
- persönliche und Firmentelefonbücher, Gruppenversand, zeitversetzter Versand
- optional Mailunterstützung für CC:Mail
- keine zusätzliche Hard- und Software nötig, einfache Administration, einfache Wartung, Faxausdrucke auf Normalpapier auf jedem beliebigen Netzwerkdrucker
- Nachteile: ein analoger Telefonanschluß ist notwendig

5. Internet im Netz
Leider können wir Ihnen keine Internet-Lösung im Netzwerk anbieten.

6. Verkabelung
Um ein Angebot für eine bedarfsgerechte Verkabelung abgeben zu können, bitten wir Sie um einen Ortstermin.

7. Installation
Die Installation des Netzwerkes wird nach Aufwand berechnet.
Der derzeitige Stundensatz beträgt 196,00 DM.

8. Service
Während der Garantiezeit von 12 Monaten besteht für alle Hardware-Komponenten ein kostenloser technischer Vor-Ort-Service, der alle anfallenden Kosten beinhaltet (Arbeitszeit, Fahrtzeit & Ersatzteile).

Alle Preise verstehen sich zuzüglich der gesetzlichen Umsatzsteuer von derzeit 15%

Gesamtpreis netto	71.466,00 DM
Umsatzsteuer 15%	10.719,90 DM
Gesamtpreis brutto	82.185,90 DM
./. 2% Skonto, 8 Tage	1.643,72 DM
	80.542,18 DM

Real Data Organisation

Seite 4

Alternativ

zu 1. Server: Speichererweiterung 64 MB Kit　　　　　　　　1.320,00 DM

zu 3.2 Software: MS Windows NT 4.0 Server,　　　　　　　　699,00 DM
Datenträger: CD-ROM

Die Lieferung versteht sich frei Haus.
Für weitere Fragen steht Ihnen Herr Sven Dierks unter der genannten Telefonnummer gern zu Verfügung.

Wir hoffen, Ihnen ein interessantes Angebot unterbreitet zu haben und würden uns über Ihren Auftrag freuen.

Mit freundlichem Gruß

Real Data Organisation

Sven Dierks
Vertriebsbeauftragter
PC-System

Real Data Organisation
Am Werder 12
21335 Lüneburg
Telefon (0 41 31) 6 71-0
Fax (0 41 31) 67 71

Aufgaben

1. Erklären Sie, was unter den einzelnen Positionen des Angebots zu verstehen ist. Benutzen Sie dazu das folgende Lösungsschema.

Server	
Hardware	
Prozessor	
MHz	
Cache	
RAM	
MB	
Gigabyte	
SCSI	
Schnittstelle (parallel, seriell)	
CD-ROM	

Controller	
VGA-Grafik-karte	
ISA-, eISA-, PCI-Bus	
Backup	
Windows NT Server, -Client	
Pipelined Burst Mode	
Mainboard	
Interface	
Fifo	
Pio	
Floppy	
LAN-Adapter	
TCP/IP	

2. Welche Alternativprodukte könnten eingesetzt werden?

3. Stellen Sie fest, welche Komponenten fehlen, wenn Susanne den Anforderungen ihres Chefs gerecht werden will?

4. Erläutern Sie die Vorteile eines Netzwerksystems gegenüber einem Einzelplatzsystem?

5. Um mit der EDV-Anlage arbeiten zu können, muß die entsprechende Software zur Verfügung stehen. Listen Sie für die Aufgaben der verschiedenen Abteilungen und für das gesamte Unternehmen die Software auf, die Ihrer Meinung nach installiert werden sollte.

6. Stellen Sie heraus, worin die Unterschiede zwischen Standardsoftware, Branchensoftware und unternehmensindividueller Software besteht.

7. In dem Angebot wird bezüglich der Datensicherung eine Datenspiegelung aufgeführt. Beurteilen Sie diese Möglichkeit der Datensicherung für die Hardy Hanson GmbH.

8. Schlagen Sie andere Möglichkeiten der Datensicherung vor.

9. Durch die Medien wird immer wieder vor sogenannten Hackern und Computerviren gewarnt. Stellen Sie Möglichkeiten dar, die diese Aspekte der Datensicherheit ausreichend und kostengünstig berücksichtigen.

10. Stellen Sie geeignete Maßnahmen vor, um eine reibungslose Umstellung des gesamten Unternehmens auf eine moderne EDV-gestützte Informations- und Kommunikationsausstattung zu gewährleisten.

Formvollendet – Brief 5008

Situation

Frau Ulrike Meyer, Inhaberin der Firma Meyer & Co. OHG – Bürosysteme, erteilt ihrer Angestellten Angelika Hofmann den Auftrag, einen normgerechten Brief an Frau Hahn, der Geschäftsführerin der Toys World GmbH, zu schreiben und ihn zur Unterschrift vorzulegen.

Frau Hofmann erledigt die Aufgabe (Abb. 1, Seite 24) ohne Probleme binnen kurzer Zeit. Um so überraschter ist sie, als ihr Frau Meyer etwas ungehalten vorwirft, die seit 1996 gültigen Schreib- und Gestaltungsregeln für die Textverarbeitung nach DIN 5008 nicht eingehalten zu haben.

Aufgaben

1. Welche Normvorschriften wurden von Frau Hofmann nicht beachtet?
2. Welche im Brief nicht angesprochenen wichtigen Normvorschriften sind außerdem in welcher Weise geändert worden?
3. Schreiben Sie den vorliegenden Brief nach der aktuell geltenden DIN 5008 neu.

Bürosysteme
Meyer & Co. OHG

Toys World GmbH
z. H. Frau Hahn
Ausschläger Weg 10

20537 Hamburg

Ihre Zeichen, Ihre Nachricht vom	Unsere Zeichen, unsere Nachricht vom	☎	Ortsname
	me-ho	250	17.02.97

Unser Angebot an Hard- und Software

Sehr geehrte Frau Hahn,

heute informieren wir Sie über unsere neuen Hard- und Softwareprodukte.

Technische Daten. In unser Hardwareangebot haben wir leistungsfähige Arbeitsplatzcomputer mit einem Hauptspeicher von 32 MB und einer Festplatte von 2,5 GB sowie 17" Bildschirme aufgenommen. Der beigefügte Prospekt gibt Ihnen einen Überblick über unsere neuen Computer.

Richten Sie Ihre besondere Aufmerksamkeit aber auf unsere Softwarepalette. Die Version 8.0 des Textverarbeitungsprogramms Zukunftsbüro ermöglicht das automatische Korrigieren von Eingabefehlern. Wenn Sie z.B. den Satzanfang mit einem Kleinbuchstaben beginnen, korrigiert das Programm diesen Fehler. Der erste Buchstabe des Satzes erscheint dann groß. Gegenüber der Version 7.5 sind viele Funktionen anwenderfreundlicher geworden. Das beiliegende Faltblatt informiert Sie über diese Software.

Wir führen Ihnen unsere neuen Computer und Programmversionen gern einmal vor. Vereinbaren Sie doch mit uns einen Termin.

Mit freundlichen Grüßen   Anlagen
                                1 Prospekt
Bürosysteme   1 Faltblatt
Meyer & Co. OHG

Ulrike Meyer

Abb.1: Nicht DIN 5008 gerechter Brief

An die richtige Adresse

Situation

Die Soft News GmbH vertreibt spezielle Anwendungssoftware für Handwerk und Gewerbebetriebe. Sie hat eine Reihe neuer Anwendungen speziell für Handwerksbetriebe unterschiedlicher Branchen auf den Markt gebracht. Mit ihnen soll der Schriftverkehr mit Interessenten und Kunden vereinfacht werden. Die Software enthält Briefvorlagen für Angebote, Kostenvoranschläge, Rechnungen und Mahnungen.

Diese Neuheit wird vom Anbieter auf verschiedenen Wegen beworben und bekannt gemacht:
- per Anzeigen in der Fachpresse,
- durch Direct-Mail an größere Fachbetriebe, die mit EDV-gestützter Auftragsabwicklung arbeiten,
- durch Pressetexte an Fachjournalisten und Redaktionen,
- teils zusätzlich mit Software-CD (Compact Disk) und Handbuch zum Testen und Rezensieren.

Folgende Anschriften stehen zur Verfügung:

Zeitschriften, Fachjournalisten

- *Handwerk aktuell* – das Fachmagazin für das Baugewerbe, tvA* 12.000 Exemplare
- *Schreiner und Tischler* – Fachblatt für die Holzberufe, tvA 7.000 Exemplare
- *EDV im Handwerk* – aktuelle Infos zum Computereinsatz im Handwerk, tvA 4.500 Exemplare
- *Software im Test*, tvA 9.000 Exemplare
- *Handwerk heute* – Magazin für das gesamte Handwerk, tvA 12.000 Exemplare
- *Dipl.-Kfm. Albert Steiner, Fachjournalist für Wirtschafts-Informatik*

Handwerksbetriebe

- *Malerfix GmbH, Ihr Partner fürs Renovieren*
- *Beilharz Gerüstbau KG*
- *Altmann AG Hoch-Tiefbau*
- *Siegrist Putz und Trockenbau GmbH*
- *Müller Elektroinstallationsbetriebe GmbH & Co. KG*
- *Wohnidee Wand- und Bodengestaltung GmbH*

Für jede Gruppe von Adressaten hat die Marketing-Abteilung einen eigenständigen Text mit passendem Anschreiben formuliert.

---

* tvA = tatsächlich verbreitete Auflage

Jetzt geht es darum, zunächst das vorhandene Adreßmaterial zu gliedern und in verschiedenen Dateien zu erfassen. Zur Verfügung steht das Textverarbeitungsprogramm Word unter Windows in der Version 6.0 bzw. 7.0. Alle Texte und Schreiben zum neuen Produkt werden im Windows Datei-Manager unter „Word" in einem neuen Verzeichnis „new-soft" abgelegt. Innerhalb von „new-soft" wird das Unterverzeichnis „adressen" angelegt. Darin werden folgende Dateien abgespeichert:
- „infotext" enthält die Adressen der Handwerksbetriebe, die eine Produktinformation über die neue Software erhalten sollen mit der Möglichkeit, zum Vorzugspreis zu bestellen.
- unter dem Dateinamen „presse" werden jene Adressen gespeichert, die nur einen Pressetext erhalten mit der Bitte um Veröffentlichung, und unter
- „demo-cd" solche, die zusätzlich auch eine Demo-Version der Software und ein Handbuch zum Testen erhalten sollen.

Soft-News will zusätzlich zu den PR-Informationen Anzeigen schalten. Als Testlauf soll zunächst nur in einem der oben genannten Fachmagazine inseriert werden. Dabei soll diejenige Zeitschrift berücksichtigt werden, mit der die Zielgruppe für das neue Produkt am besten und umfassendsten erreicht wird. Ein Mitarbeiter in der Werbeabteilung schlägt vor, daß man die Produktinformation an die ausgewählten Handwerksbetriebe als Direct-Mails doch direkt per Telefax zusenden könnte. Auf diese Weise könnten Zeit und Kosten gespart werden. Die Produktinformation an die Handwerksbetriebe soll mit einem Anschreiben versehen werden, das als Serienbrief angelegt ist. Den Entwurf für das Schreiben erhalten Sie von der Soft-News-Marketingabteilung (Siehe Abb. 1).

Soft News GmbH
Kundenbetreuung
Postfach 3051

90332 Schönberg

An <Titel>
<Vorname> <Nachname>
<Anschrift>

<Postleitzahl> <Ort>

<Datum>

Sehr geehrte <Anrede>

haben Sie sich nicht auch schon über Ihre zeitraubende Büroverwaltung geärgert?

Wir zeigen Ihnen einen Weg zur effizienteren Kunden- und Auftragsverwaltung – und damit zu mehr geschäftlichem Erfolg.

Auf Ihre Rückmeldung freut sich

Ihr Soft News Team

Abb. 1: Anschreiben

An die richtige Adresse 27

Der Serienbrief soll möglichst gefällig und gut lesbar sein. Daher wollen Sie dem eigentlichen Brieftext einen größeren Schriftgrad geben und ihn dazu markieren. Außerdem soll eine Textpassage aus einem anderen Word-Dokument eingefügt werden.

Jetzt müssen noch weitere Änderungen und Ergänzungen in unserem Serienbrief untergebracht werden, die von der Geschäftsleitung eingebracht wurden. Sie suchen daher nach einer Möglichkeit, um möglichst schnell Änderungen vornehmen zu können oder um einen Befehl rückgängig zu machen. Eine Reihe von Tastenkombinationen („Shortcuts") können in Word und anderen Textverarbeitungen unter Windows als Kurzbefehle für solche Arbeitsschritte verwendet werden. Dabei ist die Steuerungstaste (Strg oder Ctrl) von Bedeutung; sie befindet sich auf der Tastatur unter der Umschalttaste (Shift).

Titel 1	Titel 2	Name	Anschrift	Postleitzahl	Ort
Dipl.Kfm.	Herrn	Albert Steiner	Hochbühl 10	91256	Neudorf
Redaktion Handwerk aktuell	Frau	Eva-Maria Berner	Postfach 2268	60023	Frankfurt/M.
Beilharz Gerüstbau GK	Herrn	Dietmar Beilharz	Lehenfeld 4	90540	Gersfeld

Abb. 2: Anschriften

Die Marketingabteilung möchte eine Kopie des Muster-Seienbriefes in ihren Rechner übernehmen. Die Abteilung arbeitet noch mit der Windows-Benutzeroberfläche der Version 3.1 auf Basis von MS-DOS. Sie verfügen schon über Windows 95.

Das Marketing ist auch ansonsten noch nicht auf dem neuesten Stand und daher auch nicht an das firmeninterne Daten-Netzwerk angeschlossen.

Sie wollen daher die Datei mit dem Serienbrief auf eine Diskette speichern, um den Text weitergeben zu können. Eine 3,5 Zoll-Diskette steht zur Verfügung. Allerdings wissen Sie nicht, ob dieser Datenträger nicht womöglich noch wichtige Informationen enthält, da er nicht beschriftet ist.

Aufgaben

1. Entscheiden Sie, wer von den Zeitschriften/Journalisten nur einen Pressetext erhalten soll und wer zusätzlich die Demo-Version. Begründen Sie kurz.
2. Beschreiben Sie, wie Sie die Verzeichnisse und Dateien unter Windows anlegen. Wie ist der Ablauf?
3. Welche Zeitschrift erhält von Ihnen den Anzeigenauftrag und warum?
4. Warum ist eine solche Form der Zusendung hier nicht möglich? Welche rechtlichen und praktischen Probleme treten auf?
5. Was ist ein Direct-Mail?
6. Welche beiden Elemente gehören zu einem Serienbrief (Abb. 1 und 2)?
7. Wie müssen die Adressen beschaffen sein, damit sie in die Serienbrief-Vorlage übernommen und ausgedruckt werden können?
8. Wie markieren Sie den Brieftext mit Hilfe der Mausfunktion?
9. a) Für welche Befehle stehen folgende Tastenkombinationen:
   - Strg+S
   - Strg+P (D)
   - Strg+Z
   - Strg+X
   - Strg+C
   - Strg+V

   b) Nennen Sie zwei weitere Möglichkeiten, wie man in Word die Funktion „Strg+V" noch auslösen kann.
10. Mit welcher Tastenkombination erreicht man auch bei längeren Dokumenten direkt den Textanfang, wie das Textende?
11. Wie kopieren Sie die neue Textpassage in die Serienbrief-Vorlage? Was ist dabei zu beachten?
12. Was müssen Sie beachten bezüglich der Datei-Namengebung, wenn der Musterbrief bei Ihnen und der Marketingabteilung unter gleichem Namen gespeichert werden soll?
13. Auf welche Weise können Sie den Inhalt der Diskette überprüfen?
14. Sie möchten feststellen, ob die Daten, die sich bisher auf der Diskette befinden, auch schon auf die Festplatte kopiert wurden. Wie lassen sich die Inhalte zweier Laufwerke direkt vergleichen?
15. Wie können Sie mehrere Dateien eines Verzeichnisses im Datei-Manager in einem Schritt markieren und kopieren?
16. Was bedeutet der Begriff „drag and drop"? Wie können Dateien zu anderen Laufwerken verschoben werden und wie kopiert?

Wer oder was ist wo im Büro?

Situation

Die kleine Firma Hornemann zieht in neue Büroräume. Leider ist dem zuständigen Umzugsunternehmen der Raumplan abhanden gekommen. Zum Glück können sich die Möbelpacker aber an einige Punkte der Vorbesprechung erinnern, zum Beispiel daran, daß sich in jedem Raum außer den PC's zwei Inventarteile befinden.

Außerdem erinnern sie sich an folgende Punkte:

- Die sechs Räume liegen (durchnumeriert) nebeneinander, die neun Mitarbeiter sind auf fünf Räume verteilt.
- Neben Raum 2 liegt der Serverraum, wo niemand sitzt, aber der Kopierer steht.
- Eine Person, die einzeln sitzt, hat auch noch eine Schreibmaschine
- In Raum drei sitzt eine Person weniger als in Raum vier.
- Um an die Kaffeemaschine zu gelangen, muß der Mitarbeiter, der im Raum 2 alleine sitzt und ein Modem bedient (das zweite ist in einem anderen Raum), drei Räume weiter gehen.
- In Raum 6 befindet sich keines der zwei Modems, aber die Schreibmaschine.
- Der Papierschredder und der Drucker werden von den drei Kollegen genutzt, die in einem Büro zusammensitzen.
- Die Mitarbeiter, die in einem Zwei-Personen-Raum sitzen, dürfen den Scanner in Raum 3 mitbenutzen.
- Im ersten und im letzten Raum steht ein großer Arbeitsschrank.
- In Raum 3 spielt das Radio.

Aufgaben

1. Wer oder was ist wo im Büro?
2. In welchem Raum steht das Faxgerät?
3. Wieviel Personen arbeiten in Raum 3?

Benutzen Sie zur Beantwortung der Fragen das folgende Lösungsschema.

30   *Wer oder was ist wo im Büro?*

Raum 1	Raum 2	Raum 3	Raum 4	Raum 5	Raum 6

*) Situation mit freundlicher Genehmigung der Firma Data-Becker entnommen und leicht verändert aus: PC Praxis 10/96 Seite 194 Franke/Eichhorn

Sitzen Sie richtig?

Situation

Einige Veränderungen stehen ins Haus für die Mitarbeiter der Firma Soft News GmbH. Der Anbieter gewerblicher Software hat ein neues Verwaltungsgebäude errichten lassen. Jetzt geht es darum, den einzelnen Abteilungen und zugehörigen Angestellten Räume zuzuweisen. Im Anschluß daran beteiligen sich alle Abteilungen an den Planungen zur Einrichtung und Ausstattung der Büros. Jeder soll schließlich einen arbeits- und bedarfsgerechten Arbeitsplatz erhalten. Der Artikel im „Handelsblatt" sorgte für regen Diskussionsstoff (siehe Abb. 1).

Arbeitsplatz/Gesetz seit 1997 Pflicht

EU-Richtlinie gilt für das heimische Büro

HANDELSBLATT, Sa./So., 1./2. 2. 1997 DÜSSELDORF. Anja Ostermanns Büro ist vorbildlich. Die Chefin einer PR-Agentur arbeitet zu Hause und ihr PC-Arbeitsplatz ist nach den neuesten Erfordernissen ausgestattet. „Ich muß ohne Nachteile für die Gesundheit viel am Bildschirm arbeiten", erklärt sie ihre Investition in eine handschonende Tastatur, Gesundheitsstuhl und teuere Lampe.

So wie Anja Ostermanns Arbeitsplatz sollte seit Anfang des Jahres 1997 jeder Tele-Arbeitsplatz aussehen. Denn mit Jahresbeginn trat die EU-Richtlinie Nr. 90/270/EWG für gewerbliche Bildschirmarbeiter in Kraft. Durch sie ergibt sich für jeden Arbeitgeber die Pflicht, Analysen für Bildschirm-Arbeitsplätze durchzuführen oder durchführen zu lassen und gesundheitliche Belastungen abzustellen. Die Analyse muß dokumentiert werden und Tele-Arbeitsplätze einbeziehen.

Laut Richtlinie muß der Schreibtisch so groß sein, daß kein Teil des Bildschirms oder der Verkabelung über den Tisch hinausragt. Ferner sollte die Seh-Entfernung von Tischkante zum Bildschirm 50 bis 80 cm betragen und für die Handballenauflage muß vor der Tastatur mindestens 10 cm Platz sein. Empfohlen werden daher Platten von 160 mal 90 cm Größe. Die Tische sollten höhenverstellbar sein.

Der Arbeitsstuhl sollte verstellbar sein. Eine Synchronanpassung von Sitz- und Rückenlehne muß den Rumpf, vor allem den Lendenwirbel, in jeder Sitzhaltung abstützen.

Abb. 1: Artikel Handelsblatt

Siegfried Weiler leitet das Auftrags- und Bestellwesen im Unternehmen. Er hat die Aufgabe, den Bedarf an Büromöbeln und -einrichtungen in seiner Abteilung zu ermitteln und zu prüfen, ob Einrichtungen und Geräte aus dem alten Firmensitz weiterverwendet werden können. Also überprüft er zunächst den Bestand an Büromöbeln, -maschinen und Zubehör anhand einer Inventarliste:

Soft News GmbH INVENTAR	
Objekte	Anschaffungsjahr
4 Bürodrehstühle, mechanische Gewinde, je vier Stahlrohr-Standfüße	1971
6 mechanische Schreibmaschinen „Olympia"	1974
4 Büroschreibtische, Stahlblech; unter der Tischfläche je drei Schubfächer links und rechts der Sitzposition	1975
2 Texterfassungsgeräte mit integrierter Tastatur und Monochrom-Bildschirm 13 Zoll	1979
1 Aktenvernichter Dahle, Sicherheitsstufe 2	1982
2 Aktenschränke	1982
1 Kaffeemaschine Rowenta	1995

Abb. 2: Inventarliste

Herr Weiler beschließt umgehend, die Bürostühle, Schreibtische und Erfassungsgeräte auszumustern. Auch die mechanischen Schreibmaschinen werden nicht mehr in die neuen Büros übernommen. Insgesamt werden im Auftrags- und Bestellwesen sechs EDV-Arbeitsplätze eingerichtet, die untereinander vernetzt sind. Alle Mitarbeiter der Abteilung haben daher Zugriff auf die Daten, die sich auf dem gemeinsamen Netzlaufwerk befinden. Darüber hinaus hat die Firmenleitung dem Wunsch einer Mitarbeiterin zugestimmt, für sie einen Tele-Arbeitsplatz einzurichten.

Aufgaben

1. Aus welchen Gründen werden die genannten Bürogeräte und -einrichtungen, abgesehen vom Alter und der Abnutzung, aus dem Inventar ausgemustert? Gibt es europaweit gesetzliche Vorschriften für die Ausstattung von Bildschirmarbeitsplätzen?
2. Worauf muß Herr Weiler bei der Neugestaltung der Arbeitsplätze besonders achten?
3. Ergonomische Gestaltung – was ist das?
4. Was regelt die sogenannte MPR II-Norm?
5. Haben Arbeitnehmer an Bildschirmarbeitsplätzen Anrecht auf Pausen von der Bildschirmtätigkeit?
6. Was versteht man unter einem Telearbeitsplatz?
7. Was bedeutet die Abkürzung ISDN in der Telekommunikation? Welche Möglichkeiten bietet ISDN grundsätzlich?
8. Welche technischen Voraussetzungen müssen gegeben sei, um für einen PC-Arbeitsplatz eine Online-Verbindung zur Übertragung von Daten herzustellen?

Gut organisiert ist halb gewonnen

Situation 1

Oleg Muster hat sich vor zwei Jahren auf das unternehmerische Parkett gewagt. Seine Leidenschaft – der Computer – verführte ihn zur Gründung eines Unternehmens. Er ist Alleininhaber der Firma „Olegs Computerhandel". Inzwischen ist sein Unternehmen schon so sehr gewachsen, daß er Entscheidungsbefugnisse delegieren mußte. Prokura und Handlungsvollmachten hat er schon erteilt. Oleg erlebt nun im Alltag seines Unternehmens, daß sich Probleme ergeben, wenn bestimmte Ziele angestrebt werden und Wege zum Erreichen der Ziele unbekannt sind oder durch Hindernisse blockiert sind. Er will nun Mittel und Wege finden, um die Situation zu optimieren.

Aufgaben

1. Welches Ziel muß sich Oleg setzen?
2. Welche Vorarbeit muß Oleg leisten, um dieses Ziel zu erreichen?
3. Gliedern Sie die Unternehmensaufgaben nach speziellen Anforderungen.
4. Gliedern Sie die Unternehmensaufgaben von „Olegs Computerhandel" in Teilaufgaben anhand der folgenden Tabelle:

Gliederungs-merkmale	Beispiele für Gliederung der Unternehmensaufgaben in Teilaufgaben in „Olegs Computerhandel"
Verrichtungen (Teilbereiche des Unternehmens)	
Objekt (Produkt)	
Rang (Entscheidungsaufgaben, Ausführungsaufgaben)	
Phase/Zeit (Planungsaufgaben, Kontrollaufgaben)	

5. Aus den Teilaufgaben werden Stellen gebildet. Eine Stelle ist ein Bereich von Aufgaben, die unabhängig vom Stelleninhaber gebildet wird.
   Die Stelle ist somit die kleinste Organisationseinheit eines Betriebes. Nennen Sie Beispiele von möglichen Stellen in „Olegs Computerhandel".

6. Stellen müssen beschrieben werden. Diese Beschreibung ist eine verbindliche und in einheitlicher Form gefaßte Beschreibung einer Stelle. Nehmen Sie die folgende Tabelle als Vorgabe zur Beschreibung der Stelle „Leiter Verkauf":

„Olegs Computerhandel"	Stellenbeschreibung
Name des Stelleninhabers	
Eingliederung der Stelle in das Unternehmen	
Bezeichnung der Stelle	
Name und Stelle des Vorgesetzten	
Namen der direkt unterstellten Mitarbeiter	
Stellvertretung durch	
Stellvertretung wird vertreten durch	
Ziele der Stelle	
Aufgaben	
Gesamtaufgaben	
Einzelaufgaben	
Befugnisse	
Stellenanforderungen	
Fachkenntnisse (Ausbildung, Erfahrung)	
Persönlichkeitsmerkmale	

7. Eine Zusammenfassung mehrerer Stellen unter einer einheitlichen Leitung wird als Abteilung bezeichnet. Nennen Sie Beispiele von möglichen Abteilungen mit den Namen der Stelleninhaber – die Sie selbst benennen – in „Olegs Computerhandel".

8. Setzen Sie die Abteilungsnamen mit den Namen der Stelleninhaber in das folgende Organigramm ein.

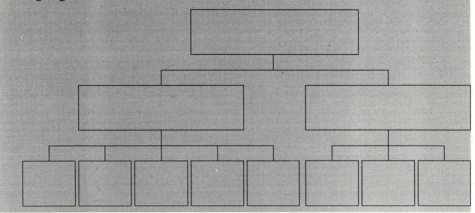

Situation 2

Oleg muß nun jedoch erkennen, daß sich Probleme in der Zusammenarbeit der Mitarbeiter des Unternehmens zeigen, d. h.: in Olegs Unternehmen fehlen von ihm festgelegte Strukturen der Unternehmensleitung. Lösen Sie Olegs Problem, indem Sie die folgenden Aufgaben bearbeiten.

Aufgaben

9. Wie nennt man das Weisungssystem, nach dem das in Aufgabe 8 abgebildete Organigramm aufgebaut ist?

10. Nach welchem Prinzip ist dieses Weisungssystem erstellt?

11. Wer kann in Olegs Unternehmen Entscheidungen treffen, die für alle Mitarbeiter verbindlich sind?

12. Für wen ist eine von Herrn Schulze (technische Leitung) getroffene Entscheidung bindend?

13. Nehmen Sie an, Herr Schulze würde der Abteilung Einkauf, Herrn Billig, aufgrund einer neuen Konfiguration einer Hardware, die Anweisung geben, die Bildschirme bei einem bestimmten Lieferanten zu kaufen. Ist diese Anweisung für die Abteilung Einkauf bindend? Begründen Sie Ihre Antwort.

14. Zeichnen Sie ein Organigramm, welches die Organisation der Vorgabe in Aufgabe 13 darstellt.

15. Wie nennt man dieses Weisungssystem?

16. Beschreiben Sie das in Aufgabe 15 gefundene Weisungssystem.

17. Welche Aufgaben haben die Abteilungen Organisation und Rechtsabteilung?

18. Wo wären diese Abteilungen besser angesiedelt?

19. Erstellen Sie ein Organigramm, das Ihre Antwort aus Aufgabe 18 berücksichtigt.

20. Wie nennt man dieses Weisungssystem?

21. Beschreiben Sie das in Aufgabe 20 gefundene Weisungssystem.

22. Stellen Sie die drei beschriebenen Weisungssysteme anhand der Struktur der folgenden Tabelle gegenüber.

Kriterien	Linien-organisation	Mehrlinien-organisation	Stab-Linien-Organisation
Grundsätze			
Eigenarten			
Kapazitätsgesichtspunkte • Vorteile • Nachteile			
Koordinationsgesichtspunkte • Vorteile • Nachteile			

Situation 3

Oleg könnte in das Unternehmen noch seinen Bruder und seine Schwester aufnehmen, die dann als Gesellschafter in das Unternehmen eintreten würden. Oleg möchte sich jedoch im Gesellschaftsvertrag alle Entscheidungen vorbehalten. Im Grunde ist ihm jedoch auch die damit verbundene Verantwortung bewußt. Denn bei größeren Investitionen – z. B. Neubau des Betriebsgebäudes – sollten die Kenntnisse seines Bruders – er ist diplomierter Wirtschaftsinformatiker – und die seiner Schwester, die Diplom-Kauffrau ist, berücksichtigt werden.

Aufgaben

23. Welche zwei möglichen Systeme der obersten Leitungsebene beschreibt die Situation 3?
24. Beschreiben Sie beide Systeme.
25. Nennen Sie Vor- und Nachteile für beide Systeme.

Netto – Der kümmerliche Rest

Situation

Caroline Henderson, Bürokauffrau bei der Firma Allisson & Co., Handel mit Kindermoden aller Art, hebt den Telefonhörer ab: „Frau Henderson, bitte kommen Sie doch einmal. Ich muß dringend einen Kunden besuchen und in zehn Minuten das Haus verlassen." Ihr Chef, Herr Bodo Klinkert, den sie nunmehr seit gut zweieinhalb Jahren kennt, kommt ihr schon entgegen: „Gerade war ich dabei, Ihr erstes Gehalt nach der Ausbildung zu berechnen. Das waren doch 2.950,– DM und die gesamten vermögenswirksamen Leistungen, alles Weitere finden Sie hier in der Mappe. Bin morgen wieder da!"

Immer diese Hektik . . .

In der Mappe findet Caroline folgende Unterlagen:

- *Ihre Lohnsteuerkarte (Abb. 1)*

- *Übersicht über Sozialversicherungssätze (Abb. 2)*

- *Auszug aus der Allgemeinen Monatslohnsteuertabelle 1997 (Abb. 3)*

- *Berechnungsformular Gehälter (Abb. 4)*

- *Journal für Gehälter (Abb. 5)*

Netto – Der kümmerliche Rest

Alle Eintragungen in der Lohnsteuerkarte genau prüfen!
Lesen Sie die Informationsschrift "Lohnsteuer '97"

Ordnungsmerkmale des Arbeitgebers

Lohnsteuerkarte 1997
Freie und Hansestadt Hamburg, AGS 02 0 00 000   501 055001

Finanzamt Hamburg-Wandsbek   2208   Geburtsdatum
Lohnsteuerstelle: Wandsbeker Allee 55   22.08.1977

Abs.: Bezirksamt Wandsbek
22039 Hamburg

I. Allgemeine Besteuerungsmerkmale

Steuerklasse	Kinder unter 18 Jahren: Zahl der Kinderfreibeträge
eins	--

Caroline Henderson

Nabweg 17

Kirchensteuerabzug
ev.

22343 Hamburg

(Datum)
20.9.1996

Einwohnerdienststelle (Gemeindebehörde)
Wandsbek, Schloßstraße 60, 22041 Hamburg

II. Änderungen der Eintragungen im Abschnitt I

Steuerklasse	Zahl der Kinderfreibeträge	Kirchensteuerabzug		Diese Eintragung gilt, wenn sie nicht widerrufen wird:	Datum, Stempel und Unterschrift der Behörde
				vom bis zum 31.12.1997 1997 an	
				vom bis zum 31.12.1997 1997 an	
				vom bis zum 31.12.1997 1997 an	

III. Für die Berechnung der Lohnsteuer sind vom Arbeitslohn als steuerfrei **abzuziehen**:

Jahresbetrag DM	monatlich DM	wöchentlich DM	täglich DM	Diese Eintragung gilt, wenn sie nicht widerrufen wird:	Datum, Stempel und Unterschrift der Behörde
				von 1997 an	
in Buchstaben	-tausend	Zehner und Einer wie oben -hundert		bis zum 31.12.1997	
				von 1997 an	
in Buchstaben	-tausend	Zehner und Einer wie oben -hundert		bis zum 31.12.1997	
(ff. zusätzlich zum a.a. Freibetrag)				von 1997 an	
in Buchstaben	-hunter (Zehner und Einer wie oben) bei der Tätigkeit als				

Abb. 1: Lohnsteuerkarte

Sozialversicherungszweige	Beitragssätze vom monatlichen Bruttoentgelt		
	insgesamt	Arbeitnehmer	Arbeitgeber
Rentenversicherung	20,30 %	10,15 %	10,15 %
Arbeitslosenversicherung	6,50 %	3,25 %	3,25 %
Krankenversicherung [2]	13,60 %	6,80 %	6,80 %
Pflegeversicherung	1,70 %	0,85 %	0,85 %
Beitragsbemessungsgrenze [1] **Bis zu einem Bruttoentgelt von zur Zeit:**	**Versicherungspflichtgrenzen**		
monatlich: 8.200 DM jährlich: 98.400 DM in der Rentenversicherung	Alle Arbeiter, Angestellte sowie Auszubildende über 610,00 DM Bruttomonatsentgelt sind **rentenversicherungspflichtig**.		
monatlich: 8.200 DM jährlich: 98.400 DM in der Arbeitslosenversicherung	Alle Arbeiter, Angestellte, Auszubildende sowie Rentenempfänger bis zu einem Einkommen von 75 % der Beitragsbemessungsgrenze der Rentenversicherung sind **krankenversicherungspflichtig**.		
monatlich: 6.150 DM jährlich: 73.800 DM in der Krankenversicherung	**Arbeitslosenversicherungspflichtig** sind alle Arbeitnehmer und Auszubildende.		
monatlich: 6.150 DM jährlich: 73.800 DM in der Pflegeversicherung	Beamte und Selbständige sind **nicht arbeitslosenversicherungspflichtig**.		

1) Beitragsbemessungsgrenze: Wenn ein Arbeitnehmer z. Zt. über DM .... verdient, so wird sein Beitrag nur von höchstens DM .... berechnet.
   Die Beitragsbemessungsgrenze ändert sich in der Regel jährlich.

2) Krankenversicherung: Die Beiträge zur Krankenversicherung sind je nach Krankenkasse unterschiedlich, liegen im Durchschnitt etwa bei ca. <u>13,6 %</u>.

Abb. 2: Übersicht über Sozialversicherungssätze

3.037,65

Lohn/ Gehalt bis DM	Steuerklasse	Lohnsteuer	ohne Kinderfreibeträge			Zahl der Kinderfreibeträge 0,5			1,0			1,5			2,0			2,5			3,0		
			SolZ 7,5%	Kirchensteuer 8%	9%	SolZ 7,5%	Kirchensteuer 8%	9%	SolZ 7,5%	Kirchensteuer 8%	9%	SolZ 7,5%	Kirchensteuer 8%	9%	SolZ 7,5%	Kirchensteuer 8%	9%	SolZ 7,5%	Kirchensteuer 8%	9%	SolZ 7,5%	Kirchensteuer 8%	9%
2.974,65	I	395,75	29,68	31,66	35,61	23,50	25,07	28,20	17,45	18,62	20,94	8,56	12,30	13,84		6,12	6,89		0,08	0,09			
	II	262,75	19,70	21,02	23,64	13,73	14,65	16,48		8,42	9,47		2,34	2,63									
	III	46,66		3,73	4,19																		
	IV	395,75	29,68	31,66	35,61	26,57	28,34	31,88	23,50	25,07	28,20	20,46	21,82	24,55	17,45	18,62	20,94	14,48	15,44	17,37	8,56	12,30	13,84
	V	831,00	62,32	66,48	74,79																		
	VI	890,66	66,80	71,25	80,15																		
2.979,15	I	397,08	29,78	31,76	35,73	23,60	25,17	28,31	17,55	18,72	21,06	8,80	12,40	13,95		6,22	7,00		0,18	0,20			
	II	264,00	19,80	21,12	23,76	13,83	14,75	16,59		8,52	9,59		2,43	2,73									
	III	49,00		3,92	4,41																		
	IV	397,08	29,78	31,76	35,73	26,67	28,45	32,00	23,60	25,17	28,31	20,55	21,92	24,66	17,55	18,72	21,06	14,57	15,54	17,48	8,80	12,40	13,95
	V	832,50	62,43	66,60	74,92																		
	VI	892,33	66,92	71,38	80,30																		
2.983,65	I	398,41	29,88	31,87	35,85	23,69	25,27	28,43	17,64	18,82	21,17	9,05	12,50	14,06		6,32	7,11		0,27	0,30			
	II	265,33	19,90	21,22	23,87	13,92	14,85	16,70		8,62	9,69		2,52	2,84									
	III	49,00		3,92	4,41																		
	IV	398,41	29,88	31,87	35,85	26,76	28,55	32,12	23,69	25,27	28,43	20,65	22,02	24,77	17,64	18,82	21,17	14,66	15,64	17,59	9,05	12,50	14,06
	V	834,16	62,56	66,73	75,07																		
	VI	893,83	67,03	71,50	80,44																		
2.988,15	I	399,66	29,97	31,97	35,96	23,79	25,38	28,55	17,73	18,92	21,28	9,30	12,60	14,17		6,41	7,21		0,36	0,41			
	II	266,58	19,99	21,32	23,99	14,01	14,95	16,82		8,72	9,81		2,62	2,94									
	III	51,33		4,10	4,61																		
	IV	399,66	29,97	31,97	35,96	26,86	28,66	32,24	23,79	25,38	28,55	20,75	22,13	24,89	17,73	18,92	21,28	14,75	15,74	17,70	9,30	12,60	14,17
	V	835,66	62,67	66,85	75,20																		
	VI	895,50	67,16	71,64	80,59																		
2.992,65	I	401,00	30,07	32,08	36,09	23,88	25,48	28,66	17,83	19,02	21,39	9,53	12,69	14,27		6,51	7,32		0,46	0,51			
	II	267,83	20,08	21,42	24,10	14,11	15,05	16,93		8,81	9,91		2,71	3,05									
	III	51,33		4,10	4,61																		
	IV	401,00	30,07	32,08	36,09	26,96	28,76	32,35	23,88	25,48	28,66	20,84	22,23	25,01	17,83	19,02	21,39	14,85	15,84	17,82	9,53	12,69	14,27
	V	837,33	62,80	66,98	75,35																		
	VI	897,16	67,28	71,77	80,74																		
2.997,15	I	402,25	30,16	32,18	36,20	23,98	25,58	28,77	17,92	19,12	21,51	9,78	12,79	14,39		6,60	7,43		0,56	0,63			
	II	269,08	20,18	21,52	24,21	14,20	15,14	17,03	0,08	8,91	10,02		2,80	3,15									
	III	51,33		4,10	4,61																		
	IV	402,25	30,16	32,18	36,20	27,06	28,86	32,47	23,98	25,58	28,77	20,93	22,33	25,12	17,92	19,12	21,51	14,94	15,94	17,93	9,78	12,79	14,39
	V	839,00	62,92	67,12	75,51																		
	VI	898,83	67,41	71,90	80,89																		
3.001,65	I	404,91	30,36	32,39	36,44	24,17	25,78	29,00	18,11	19,32	21,73	10,26	12,98	14,60		6,80	7,65		0,74	0,83			
	II	271,58	20,36	21,72	24,44	14,38	15,34	17,26	0,55	9,10	10,23		3,00	3,37									
	III	53,83		4,30	4,84																		
	IV	404,91	30,36	32,39	36,44	27,25	29,07	32,70	24,17	25,78	29,00	21,12	22,53	25,34	18,11	19,32	21,73	15,12	16,13	18,14	10,26	12,98	14,60
	V	840,66	63,05	67,25	75,65																		
	VI	900,33	67,52	72,02	81,02																		
3.006,15	I	406,16	30,46	32,49	36,55	24,26	25,88	29,12	18,20	19,42	21,84	10,51	13,08	14,72		6,89	7,75		0,84	0,94			
	II	272,83	20,46	21,82	24,55	14,48	15,44	17,37	0,80	9,20	10,35		3,09	3,47									
	III	53,83		4,30	4,84																		
	IV	406,16	30,46	32,49	36,55	27,35	29,17	32,81	24,26	25,88	29,12	21,21	22,63	25,46	18,20	19,42	21,84	15,21	16,23	18,26	10,51	13,08	14,72
	V	842,33	63,17	67,38	75,80																		
	VI	902,16	67,66	72,17	81,19																		
3.010,65	I	407,50	30,56	32,60	36,67	24,36	25,99	29,24	18,30	19,52	21,96	10,76	13,18	14,83		6,98	7,85		0,93	1,04			
	II	274,08	20,55	21,92	24,66	14,57	15,54	17,48	1,03	9,29	10,45		3,18	3,58									
	III	56,16		4,49	5,05																		
	IV	407,50	30,56	32,60	36,67	27,45	29,28	32,94	24,36	25,99	29,24	21,31	22,74	25,58	18,30	19,52	21,96	15,31	16,33	18,37	10,76	13,18	14,83
	V	843,83	63,28	67,50	75,94																		
	VI	903,66	67,77	72,29	81,32																		
3.015,15	I	408,83	30,66	32,70	36,79	24,46	26,09	29,35	18,39	19,62	22,07	11,00	13,28	14,94		7,08	7,97		1,02	1,15			
	II	275,33	20,65	22,02	24,77	14,66	15,64	17,59	1,28	9,39	10,56		3,28	3,69									
	III	56,16		4,49	5,05																		
	IV	408,83	30,66	32,70	36,79	27,54	29,38	33,05	24,46	26,09	29,35	21,41	22,84	25,69	18,39	19,62	22,07	15,40	16,43	18,48	11,00	13,28	14,94
	V	845,50	63,41	67,64	76,09																		
	VI	905,33	67,90	72,42	81,47																		
3.019,65	I	410,08	30,75	32,80	36,90	24,55	26,19	29,46	18,48	19,72	22,18	11,25	13,38	15,05		7,18	8,07		1,12	1,26			
	II	276,66	20,75	22,13	24,89	14,75	15,74	17,70	1,51	9,48	10,67		3,37	3,79									
	III	56,16		4,49	5,05																		
	IV	410,08	30,75	32,80	36,90	27,64	29,48	33,17	24,55	26,19	29,46	21,50	22,94	25,80	18,48	19,72	22,18	15,50	16,53	18,59	11,25	13,38	15,05
	V	847,00	63,52	67,76	76,23																		
	VI	907,00	68,02	72,56	81,63																		
3.024,15	I	411,41	30,85	32,91	37,02	24,65	26,30	29,58	18,58	19,82	22,29	11,50	13,48	15,16		7,27	8,18		1,21	1,36			
	II	277,91	20,84	22,23	25,01	14,85	15,84	17,82	1,76	9,58	10,78		3,46	3,89									
	III	58,50		4,68	5,26																		
	IV	411,41	30,85	32,91	37,02	27,73	29,58	33,28	24,65	26,30	29,58	21,60	23,04	25,92	18,58	19,82	22,29	15,59	16,63	18,71	11,50	13,48	15,16
	V	848,66	63,65	67,89	76,37																		
	VI	908,66	68,15	72,69	81,77																		
3.028,65	I	414,00	31,05	33,12	37,26	24,84	26,50	29,81	18,76	20,02	22,52	11,98	13,67	15,38		7,46	8,39		1,40	1,57			
	II	280,41	21,03	22,43	25,23	15,03	16,04	18,04	2,25	9,78	11,00		3,66	4,11									
	III	58,50		4,68	5,26																		
	IV	414,00	31,05	33,12	37,26	27,93	29,79	33,51	24,84	26,50	29,81	21,78	23,24	26,14	18,76	20,02	22,52	15,77	16,82	18,92	11,98	13,67	15,38
	V	850,33	63,77	68,02	76,52																		
	VI	910,33	68,27	72,82	81,92																		
3.033,15	I	415,33	31,15	33,22	37,37	24,94	26,60	29,93	18,86	20,12	22,63	12,23	13,77	15,49		7,56	8,51		1,49	1,67			
	II	281,66	21,12	22,53	25,34	15,12	16,13	18,14	2,48	9,87	11,10		3,75	4,22									
	III	60,83		4,86	5,47																		
	IV	415,33	31,15	33,22	37,37	28,03	29,90	33,63	24,94	26,60	29,93	21,88	23,34	26,26	18,86	20,12	22,63	15,86	16,92	19,04	12,23	13,77	15,49
	V	851,83	63,88	68,14	76,66																		
	VI	911,83	68,38	72,94	82,06																		
3.037,65	I	416,66	31,25	33,33	37,49	25,03	26,70	30,04	18,95	20,22	22,74	12,48	13,87	15,60		7,66	8,61		1,58	1,78			
	II	282,91	21,21	22,63	25,46	15,21	16,23	18,26	2,73	9,97	11,21		3,84	4,32									
	III	60,83		4,86	5,47																		
	IV	416,66	31,25	33,33	37,49	28,12	30,00	33,75	25,03	26,70	30,04	21,98	23,44	26,37	18,95	20,22	22,74	15,96	17,02	19,15	12,48	13,87	15,60
	V	853,50	64,01	68,28	76,81																		
	VI	913,50	68,51	73,08	82,21																		

Abb. 3: Lohnsteuertabelle

Netto – Der kümmerliche Rest 43

Name: Caroline Henderson

GEHALTSABRECHNUNG Monat: 19..

Lohnsteuerklasse: I   Kinder: – –
Krankenkasse: 13,6 %

B R U T T O G E H A L T

vertragliche Zuzahlung   78,00 DM

Sozialversicherungspflichtiges Entgelt

./. Lohnsteuer

./. Kirchensteuer   8,00 %

./. Solidaritätszuschlag

./. Rentenversicherung

./. Arbeitslosenversicherung

./. Krankenversicherung

./. Pflegeversicherung

N E T T O G E H A L T
./. vermögenswirksame Leistungen (Sparrate)

A U S Z A H L U N G S B E T R A G

Sozialversicherungsbeiträge

Steuern (Lohn-, Kirchensteuer, Solidaritätszuschlag)

Abb. 4: Gehaltsabrechnungsschema

Journal		Löhne und Gehälter	Monat:	Datum:
Dat./Nr.	Buchungssatz		Soll	Haben

Abb. 5: Journalbogen

Aufgaben

1. Berechnen Sie Carolines Nettogehalt und ihre gesamten Abzüge.

2. Ermitteln Sie die Beträge, die an das Finanzamt und an die Krankenkasse überweiesen werden (s. Abb. 4)

3. Da Caroline um jeden Pfennig netto verlegen ist, die Möbel für die neue Wohnung sind geplant, errechnet sie sich ihr Nettogehalt ohne die vermögenswirksamen Leistungen. Die Lohnsteuer sinkt um 26,– DM. Sie kann allerdings schon jetzt die Einwände ihres Vaters hören: „Man muß auch für die Zukunft sorgen!"

4. Ihr Chef hat sich bei dem Gespräch über den Arbeitsvertrag nicht groß angestellt, nach sechs Monaten erhält Caroline eine Gehaltserhöhung von 500,– DM. Dann könnte sie auch den Sparbetrag in Höhe von 78,– DM vermögenswirksame Leistungen besser verschmerzen. Die Lohnsteuer erhöht sich um 151,66 DM. Wieviel das wohl netto ausmacht?

5. Von Ihrer Freundin Yasmin Eitouni weiß sie, daß sie ohne vermögenswirksame Leistungen netto 2.029,58 DM erhält und 498,50 DM Lohnsteuer zahlt. Yasmin ist ebenso wie sie noch kinderlos, ledig und Kirchenmitglied.
Wieviel DM brutto erhält Yasmin?

6. Da Caroline ihren Chef Bodo eigentlich ganz gern hat, nimmt sie auch die Journalbuchungen für ihr momentanes Gehalt vor (s. Aufg. 1), um ihn zu entlasten.

7. Moment mal, da ist ja noch ein Zettel mit handschriftlichem Vermerk (s. Abb. 6, Seite 46). In Gedanken an den Feierabend fügt Caroline auf dem Zettel einige Punkte hinzu . . .

Notizen

ALLISSON & CO.
HANDEL MIT KIKO

Tel. 040 - 250.12.11
Fax: 040 - 250.12.12

Eilbeker Weg 98   22089 Hamburg

Datum:

sonstige Lohnnebenkosten   Frau Henderson

Kantinenzuschuß

Urlaubsgeld   2.000,00 DM

....

Abb. 6: Notizzettel

Schritt bei Schritt

Situation

Oleg Muster hat sich auf das unternehmerische Parkett gewagt. Er ist Alleininhaber der Firma „Olegs Computerhandel". Inzwischen ist sein Unternehmen schon so sehr gewachsen, daß er Entscheidungsbefugnisse delegieren mußte. Prokura und Handlungsvollmacht hat er schon erteilt. Auch die Aufbauorganisation des Unternehmens steht. Wie organisieren Oleg und seine Mitarbeiter nun die Organisation des Arbeitsablaufs, d. h. wie ist Ablauforganisation seines Unternehmens aufgebaut?

Aufgaben

1. Erklären Sie den Begriff Ablauforganisation.
2. Welche Ziele muß sich die Ablauforganisation setzen? Nennen Sie jeweils ein Beispiel.
3. Die Erreichung eines Ziels setzt voraus, daß die Arbeiten zur Erreichung des Ziels in Teilprozesse aufgeteilt werden. Nennen Sie Teilprozesse (Arbeitsschritte), Prozeßschritte und Programmschritte zur Bearbeitung eines Kundenauftrages in Olegs Unternehmens und tragen Sie diese in die folgende Grafik ein.

Gesamtziel	Bearbeitung eines Kundenauftrages
Teilprozesse	
Prozeßschritte	
Programmschritte	

4. Nennen Sie drei Gesichtspunkte der Arbeitsverteilung, die noch festgelegt werden müssen (Sie überlegen sich diese ebenfalls, wenn Sie Arbeiten verrichten wollen).

5. Erläutern Sie die in Aufgabe 5 gesuchten drei Gesichtspunkte der Arbeitsverteilung.

6. Erläutern Sie den Begriff Arbeitsanweisung.

7. Erstellen Sie eine Arbeitsanweisung für die Bearbeitung von Kundenreklamationen in Olegs Unternehmen. Achten Sie dabei auf folgende Stichworte: Allgemeine Richtlinien, Verlauf der Bearbeitung der Kundenreklamationen mit den Positionen: Poststelle, Verkaufsabteilung, Reklamationsabteilung, Reisender. Beachten Sie dazu auch das folgende Formular.

①	Name / Firma: *Handelshaus GmbH* Straße: *Lutzstraße 112* Ort: *74081 Heilbronn*	**Kundenreklamation** **Formular K 08**
②	Erzeugnis und Erzeugnis-Nr. Anzahl: Auftrags-Nr. Art der Beanstandung: Eingang der Reklamation:	*17" Colorbildschirm 17 sf LL* *1* *97 / 4320* *Bildschirm zeigt Streifen* *24.02.19..*
	Untersuchungsergebnisse	
③	Ursachen der Reklamation:	*Wahrscheinlich fehlerhafte Bildröhre*
④	Die Reklamation ist [X] begründet: [ ] unbegründet:	*Von uns zu vertretener Qualitätsmangel*
⑤	Vorschlag zur Erledigung der Reklamation:	*Neulieferung; Kunden um Rücksendung des beanstandeten Bildschirms auf unsere Kosten bitten.*
⑥	Vorschlag zur Vermeidung künftiger Reklamationsanlässe:	*Vor der Auslieferung muß ein Funktionstest über mehrere Minuten durchgeführt werden.*
⑦	Untersucht durch: *Schmidt*	Datum: *25.02.19..*
	Erledigung	
⑧	Zu veranlassen ist:	*Regulierung gemäß Vorschlag in Rubrik 5*
⑨	Erledigt durch: *Bader*	Datum: *26.02.19..*

8. Formulieren Sie nun anhand Ihrer Arbeitsanweisung die Stellenanforderungen für diese Stellenbeschreibung.

9. Grafische Darstellungen organisatorischer Zusammenhänge werden Organisationsschaubilder genannt. Zu den schaubildlichen Darstellungen von Arbeitsabläufen gehören die Ablaufdiagramme.
Erstellen Sie für die Bearbeitung von Kundenreklamationen (vgl. Aufg. 7) ein Ablaufdiagramm anhand der Vorgabe folgender Tabelle.

Schritt bei Schritt 49

Abteilung Verkauf		Arbeitsvorgang: Bearbeitung von Kundenreklamationen			
Zeichen:		erstellt am:	geprüft:	gilt ab:	
Bearbeitung: O Weiterleiten: → Überprüfen: ☐ Verzögerung: ↑ Ablage: ▼ Bearbeiten und Überprüfen: ■		Arbeitsstellen			
		Poststelle	Verkaufs- abteilung	Reklamations- abteilung	Reisender
Nr. Tätigkeiten:					
1 Aufdruck des Tagesstempels					
2 Weitergabe an Verkaufsabteilung					
3 Formular K 08 anlegen					
4 Formular K 08					
5 Formular K 08					
6 Mängel überprüfen					
7 in K 08 Mängel eintragen					
8 Vorschlag zur Erledigung					
9 Vorschlag zur Verhinderung von derartigen Mängeln					
10 Entscheidung					
11 Kundenbrief erstellen					
12 Kundenbrief weitergeben					
13 Kundenbrief versenden					
14 Kunden benachrichtigen					
15 Reisenden benachrichtigen					
16 evtl. Kunde instruieren					

(AB+EB)/2

Situation

Bei einer Besprechung zwischen den Abteilungsleitern des Beschaffungs-, Produktions- und Absatzwesens der Heinz Schlau OHG aus Düsseldorf wird unter anderem festgestellt, daß sich die Kosten in den vergangenen Abrechnungsperioden ständig erhöht haben. Der Unternehmensleiter, Herr Schlau, bittet daher die Abteilungsleiter, Vorschläge zur Kostensenkung zu unterbreiten. Herr Lessing, Abteilungsleiter des Beschaffungswesens, regt an, die Kosten für die Lagerhaltung zu senken. Mit zahlreichen Wirtschaftlichkeitskennziffern untermauert er seine Anregungen. Herr Lessing hatte bei der Abteilungsleiterbesprechung zahlreiche Daten über das Materiallager der Heinz Schlau OHG vorbereitet. Einige dieser Informationen können der abgebildeten Lagerkarte entnommen werden.

Lagerkarte

Feld-Nr.: 4
Fach-Nr.: 223   Lfd. Karten-Nr.: 3

Gegenstand: Plastikschubleiste PX - 16

Stoffgr.	Untergr.	Waren-Nr.	Einheit
09	01	4711	Stück

DIN 635

Mindestbestand: 300 — ausreichend für 5 Tage
Normal-Anforderungs-Menge: 1200

Tag	Materialentnahmeschein	Ausgabe	Bestand u. Eingang	Tag	Materialentnahmeschein	Ausgabe	Bestand u. Eingang
18.01.	Ü		1550	25.05.	58877	590	
25.01.	2541	500		02.07.	7882	680	
01.02.	1629	650		03.07.	A&R 789		1300
04.02.	A&R 994		1200	23.07.	8745	770	
24.02.	1455	550		02.08.	7889	520	
01.03.	2101	600		15.08.	A&R 452		1200
18.03.	A&R 654		1200	30.08.	12255	500	
22.03.	3054	750		16.09.	55623	480	
06.04.	4589	600		05.10.	A&R 788		1200
26.04.	A&R 455		1200	15.10.	56332	770	
28.04.	3609	530		01.11.	68995	520	
11.05.	4575	680		20.11.	A&R 897		1200
15.05.	A&R 558		1200	05.12.	89952	670	
Angef. Menge	1200	1200	1200	1200	1200	1300	1200
am	01.02.	15.03.	03.04.	22.04.	12.05.	30.06.	11.08.
Anford.-Nr.	994	045	457	448	789	452	221
Angemahnt am	...	...	...	...	...	...	...
Lieferer	A&R	A&R	A&R	A&R	A&R	A&R	A&R

Aufgaben

1. Über welche Lagerarten kann ein Industrieunternehmen verfügen? Nennen und erläutern Sie diese Lagerarten entsprechend der drei grundlegenden Betriebsfunktionen Beschaffung, Produktion und Absatz.

2. Warum werden von Industrieunternehmen Lager eingerichtet? Welche Funktionen hat das Lager?

3. Welche Lagerkennziffern kennen Sie? Nennen Sie die Lagerkennzahlen und erklären Sie ihre Bedeutung.

4. Berechnen Sie:
   a) den durchschnittlichen Lagerbestand
   b) die Umschlagshäufigkeit
   c) die durchschnittliche Lagerdauer
   d) die Lagerzinsen (angenommener Kapitalzinssatz 4 %, Einstandspreis pro Stück 0,52 DM).

5. Um die Lagerkosten zu senken, schlägt Herr Lessing vor, die Lagerbestände zu reduzieren.
   a) Welche Kosten werden durch ein Lager verursacht?
   b) Welche Nachteile können zu hohe bzw. zu niedrige Lagerbestände haben?

6. Welche Vorschläge zur Senkung der Lagerkosten würden Sie Herrn Lessing unterbreiten? Nennen Sie bestimmte Möglichkeiten und zeigen Sie die positiven Folgen auf die Kosten sowie die denkbaren negativen Folgen auf.

7. Bei der nächsten Abteilungsleitersitzung schlägt Herr Lessing vor, die Bestellhäufigkeit bei den Werkstoffen zu erhöhen und dafür kleinere Mengen zu bestellen. Seiner Ansicht nach sinken dadurch die Lagerkosten. Der Abteilungsleiter des Einkaufs, Herr Theissen, gibt hingegen zu bedenken, daß durch die geplante Maßnahme die Bestellkosten steigen würden. Herr Theissen beziffert die Bestellkosten mit 100,– DM pro Bestellung, die sich u. a. durch die notwendigen Personal- und Materialaufwendungen ergeben. Da es sich bei dem genannten Wert um einen Durchschnittswert handelt, sei er unabhängig von der mengenmäßigen Höhe der Bestellung. Nach Aussage von Herrn Lessing ergeben sich für die Plastikschubleisten durchschnittliche Lagerkosten von 1,– DM pro Stück.*)

   a) In einem Jahr müssen ca. 10.000 Plastikschubleisten beschafft werden. Erstellen Sie eine Tabelle, aus der die Entwicklung von Bestellkosten, Lagerkosten und Gesamtkosten ersichtlich wird, wenn die Anzahl der Bestellungen 1, 2, 3, ..., 20 mal pro Jahr beträgt.
   b) Welche Schlüsse ziehen Sie aus den Ergebnissen der vorherigen Teilaufgabe?
   c) Stellen Sie den Verlauf der Bestell-, Lager- und Gesamtkosten grafisch dar.

---
*) In diesem Durchschnittswert ist die Verringerung der durchschnittlichen Kapitalbindung bei sich erhöhender Bestellhäufigkeit bereits eingerechnet.

Kaufen oder leasen?

Situation 1

Die Nagel OHG will neue Märkte erschließen. Zu diesem Zweck müssen zwei neue Außendienstmitarbeiter eingestellt werden. Beide benötigen einen Geschäftswagen. Der Juniorchef, Matthias Nagel, bespricht mit seinem Abteilungsleiter für den Vertriebsbereich, Herrn Bernd Grüneisen, welche Pkws anzuschaffen sind. Da bereits alle Mitarbeiter mit einem VW Polo unterwegs sind, ist man sich schnell einig, erneut den gleichen Typ zu besorgen. Zusätzlich soll der Firmenflotte ein Audi A3 zur Verfügung stehen. So weit, so gut.

Im Laufe des Vormittags hat der Juniorchef ein Gespräch in der Buchhaltung. Hier erfährt er, daß es mit der Zahlungsmoral seiner Kunden nicht zum Besten steht. „Um selbst nicht in Liquiditätsschwierigkeiten zu kommen", klärt ihn Frau Liesicke auf, „sollten wir die Fahrzeuge leasen oder aber zu 75–80 % fremdfinanzieren."

Matthias Nagel läßt sich daraufhin ein Neuwagen-Leasing-Angebot vom Autohändler unterbreiten (s. Abb. 1, 2 und 3).

Gleichzeitig fragt Matthias Nagel nach einer Finanzierung und den Restwerten. Er erhält folgendes Angebot inklusive 15 % MWSt.:

Finanzierungskosten	VW-Polo	Audi A3
20 % Anzahlung	3.898,00 DM	6.180,00 DM
36 Raten á	472,40 DM	810,00 DM
Restwerte nach 36 Monaten	8.627,00 DM	13.092,00 DM

PULS & CO
Hohenkamp
22143 Hamburg

Matthias Nagel OHG   Hamburg, 12. Dez. 19..
Heidenhorstweg 15

22397 Hamburg

Neuwagen-Leasing-Angebot

Sehr geehrter Herr Nagel,

wir freuen uns, daß Sie sich für Volkswagen Leasing interessieren.

Auto-Leasing setzt sich immer mehr durch, weil es wirtschaftlich sinnvoll
ist, Fahrzeuge zu nutzen, ohne dafür wertvolles Kapital zu binden.

Mit Volkswagen Leasing wählen Sie einen zuverlässigen und erfahrenen Partner.

Das beigefügte Angebot haben wir nach Ihren Wünschen ausgearbeitet.

Bei Rückfragen wenden Sie sich bitte an:
Fr. Eva-Maria Zimmermann, Tel. 040/72 77 92, FAX 040/7 22 94

Mit freundlichen Grüßen

E.-M. Zimmermann

Abb. 1: Leasing-Angebot

```
Angebot vom 12. Dez. 19..

Leasing-Angebot für Geschäftsfahrzeuge

Unter Zugrundelegung der derzeit gültigen Leasing-Bedingun-
gen und vorbehaltlich der Annahme durch die Volkswagen Lea-
sing GmbH, Braunschweig, unterbreiten wir Ihnen nachfolgen-
des, unverbindliches Leasing-Angebot:

Polo 1.0 l, 37 kW mit geregeltem Drei-Wege-KAT
Fahrzeugpreis gemäß Anlage (zzgl. USt)          16.947,83 DM
Lackierung: Candyweiß
Ausstattung: flanellgrau/mistral/flane

Jährliche Fahrleistung: 25.000 km,
Vertragsdauer: 36 Monate,
ohne Gebrauchtwagen-Abrechnung. Überführungs-/
Zulassungskosten werden gesondert berechnet.
Monatliche Leasing-Rate ohne Dienstleistungen       321,00 DM

Alle Werte ohne Umsatzsteuer, die jeweils gültige Umsatz-
steuer wird gesondert berechnet.

Wird die vereinbarte Laufleistung um mehr als 2.500 km über-
bzw. unterschritten, so werden für jeden Mehr-Kilometer 10,0
Pf/km berechnet bzw. für jeden Minder-Kilometer 3,5 Pf/km
vergütet.

Der Abschluß von Kfz-Versicherungen durch die Volkswagen
Leasing GmbH ist nicht Vertragsbestandteil. Das Leasing-
Fahrzeug wird vom Leasing-Nehmer bedingungsgemäß versichert.

Ihre Leasing-Vorteile auf einen Blick:
☞ Leasing bindet kein Kapital. Es schont Ihre Liquidität
  und erlaubt zusätzliche Investitionen.
☞ Leasing befreit von Risiken. Leasing-Raten schaffen klare
  Kostengrundlagen.
☞ Leasing reduziert die Verwaltungsarbeit. Die betriebs-
  fremden Arbeiten rund ums Auto werden von unseren Spezia-
  listen kostengünstig für Sie erledigt.
☞ Leasing bringt Steuererleichterungen.

Bei Rückfragen wenden Sie sich bitte an:
Fr. Eva-Maria Zimmermann, Tel. 040/72 77 92   FAX 040/7 22 94
```

Abb. 2: Leasing Polo

Angebot vom 12. Dez. 19..

Leasing-Angebot für Geschäftsfahrzeuge

Unter Zugrundelegung der derzeit gültigen Leasing-Bedingungen und vorbehaltlich der Annahme durch die Volkswagen Leasing GmbH, Braunschweig, unterbreiten wir Ihnen nachfolgendes, unverbindliches Leasing-Angebot:

Audi A3 Attraction 1.6 l,
74 kW mit geregeltem Drei-Wege-KAT
Fahrzeugpreis gemäß Anlage (zzgl. USt)   26.869,57 DM
Lackierung: Brillantschwarz
Ausstattung: schiefer/sch/onyx-sch/ony

Jährliche Fahrleistung: 25.000 km,
Vertragsdauer: 36 Monate,
ohne Gebrauchtwagen-Abrechnung. Überführungs-/
Zulassungskosten werden gesondert berechnet.
Monatliche Leasing-Rate ohne Dienstleistungen   521,00 DM

Alle Werte ohne Umsatzsteuer, die jeweils gültige Umsatzsteuer wird gesondert berechnet.

Wird die vereinbarte Laufleistung um mehr als 2.500 km über- bzw. unterschritten, so werden für jeden Mehr-Kilometer 12,0 Pf/km berechnet bzw. für jeden Minder-Kilometer 4,5 Pf/km vergütet.

Der Abschluß von Kfz-Versicherungen durch die Volkswagen Leasing GmbH ist nicht Vertragsbestandteil. Das Leasing-Fahrzeug wird vom Leasing-Nehmer bedingungsgemäß versichert.

Ihre Leasing-Vorteile auf einen Blick:
☞ Leasing bindet kein Kapital. Es schont Ihre Liquidität und erlaubt zusätzliche Investitionen.
☞ Leasing befreit von Risiken. Leasing-Raten schaffen klare Kostengrundlagen.
☞ Leasing reduziert die Verwaltungsarbeit. Die betriebsfremden Arbeiten rund ums Auto werden von unseren Spezialisten kostengünstig für Sie erledigt.
☞ Leasing bringt Steuererleichterungen.

Bei Rückfragen wenden Sie sich bitte an:
Fr. Eva-Maria Zimmermann, Tel. 040/72 77 92, FAX 040/7 22 94

Abb. 3: Leasing Audi A3

Kaufen oder leasen?

Aufgaben

1. Worin liegen allgemein die Vorteile des Leasings im Vergleich zum Kauf, worin die typischen Nachteile begründet?
2. Was versteht man unter dem Restwert beim Leasing?
3. Wie hoch sind die Leasingraten pro Jahr und während der gesamten Laufzeit sowohl für den Audi A3 als auch für die beiden VW Polos?
4. Wie hoch ist der jährliche Kapitaldienst für die VW Polos und den Audi A3, wenn beide Fahrzeuge gemäß dem Angebot der Volkswagen Bank fremdfinanziert werden? Ermitteln Sie auch, wieviel insgesamt zu zahlen ist.
5. Erstellen Sie einen Abschreibungsplan für die Fahrzeuge, wenn von einer betriebsgewöhnlichen Nutzungsdauer von 4 Jahren und einer linearen AfA auszugehen ist.
6. Wie hoch ist die Verzinsung des Eigenkapitals für die 20 %ige Anzahlung, wenn der restliche Kaufpreis fremdfinanziert wird? Auf einem Festgeldkonto könnten für die 3 Jahre 4,25 % Zinsen erzielt werden. Lassen Sie bei der Berechnung die Zinseszinsen unberücksichtigt.
7. Entscheiden Sie anhand der konkreten Zahlen in einer Übersicht mit Hilfe eines Tabellenkalkulationsprogramms, ob leasen oder kaufen günstiger ist. Berechnen Sie den geldwerten Vorteil des Leasings im Vergleich zum Teilzahlungskauf. Lassen Sie bei der Berechnung der Eigenkapitalverzinsung die Zinseszinsen unberücksichtigt.

Situation 2

Die Nagel OHG hat sich für das Leasen entschieden. Doch nach dem ersten Jahr stellt man fest, daß mit den Fahrzeugen nicht die veranschlagten Entfernungen zurückgelegt wurden. Die Kilometerstände lauten:

Polo 1	Polo 2	Audi 3
16.345 km	22.500 km	28.490 km

Daraufhin wird in der Nagel OHG überlegt, ob es in Zukunft nicht günstiger ist, eine andere Leasingrate, der eine der Situation angepaßte Kilometerlaufleistung zugrundeliegt, zu wählen. Der VAG-Händler kann das folgende Angebot unterbreiten:

Gefahrene km im Jahr	Polo	Audi 3
10.001–15.000 km	291,00 DM	475,00 DM
15.001–20.000 km	308,00 DM	501,00 DM
20.001–25.000 km	321,00 DM	521,00 DM
25.001–30.000 km	333,00 DM	540,00 DM

Aufgaben

8. Wieviel DM bekommt die Nagel OHG für jedes Fahrzeug aufgrund der tatsächlich gefahrenen Kilometer vergütet bzw. müssen nachentrichtet werden? Berechnen Sie mit Hilfe des Tabellenkalkulationsprogramms Excel die monatlichen und jährlichen Mehr-/Minderkosten.

9. Bei welchem Fahrzeug wäre ein Wechsel auf einen anderen Leasing-Vertrag auf der Basis aktueller Laufleistungen zu empfehlen? Berechnen Sie den geldwerten Vorteil bzw. Nachteil mit Hilfe des Tabellenkalkulationsprogramms Excel.

Im Wettbewerb

Situation

Die Soft News GmbH bietet ihre Produkte weltweit auf ganz unterschiedlichen Märkten an. Immer mehr Mitbewerber drängen vor allem im Inland auf den Markt. Um auch künftig konkurrenzfähig bleiben zu können, will die Soft News genau untersuchen, wie die Wettbewerbssituation auf den einzelnen Märkten aussieht, das heißt, wie stark die Konkurrenz im In- und Ausland momentan ist. Außerdem will man herausfinden, welche Maßnahmen die Marktposition des Unternehmens am besten stärken können. Die Situation in den einzelnen Absatzländern, in denen Soft News seine Produkte anbietet, ist ganz unterschiedlich:
- in Frankreich gibt es nur zwei weitere Wettbewerber auf dem Markt,
- im Inland sind es über vierzig, teils sehr spezialisierte Anbieter,
- in Osteuropa ist die Soft News einziger Anbieter.

Die Soft News GmbH will den Absatz ihrer Produkte zunächst im Inland stärker ankurbeln. Es geht darum, die Stärke der eigenen Produkte auf dem Inlandsmarkt zu überprüfen und die Stellung des eigenen Unternehmens mit den wichtigsten Wettbewerbern zu vergleichen.

Schlüsselgrößen	-5	-4	-3	-2	-1	0	1	2	3	4	5
Markenstärke					●	O					
Marktstärke				O		●					
Vertriebsnetz				O				●			
Produktpräsenz						O			●		
Lieferfähigkeit							O		●		
Werbepräsenz							●	O			
Innovationen					●			O			
Sortiment							●	O			

O = Position der Soft News GmbH   ● = Position des stärksten Wettbewerbsunternehmens

Abb. 1: Marktpositionen

Die Geschäftsführung der Soft News GmbH hat sich mit den Leitern der Abteilungen Vertrieb, Werbung und Marketing zusammengesetzt, um über geeignete Maßnahmen zu beraten, die die Wettbewerbsposition des Unternehmens stärken können.

Drei Anliegen bringen die Abteilungen vor, die ihnen besonders wichtig sind:

- *Die Marketing-Abteilung will eine größere Marktuntersuchung durchführen. Es geht unter anderem darum, die Bekanntheit des Unternehmens und der Produkte beim Fachhandel und bei möglichen Kunden zu ermitteln. Außerdem soll herausgefunden werden, ob neue Absatzwege in Frage kommen, z. B. Direktvertrieb.*

- *Der Vertrieb will mehr Außendienstler einstellen, um beim Handel mehr präsent zu sein. Der Vertriebsleiter weist darauf hin, daß bestimmte Standardprodukte von Soft News nicht schnell genug an den Fachhandel nachgeliefert werden. Die Händler würden in solchen Fällen ihre Kunden schließlich auf ähnliche Produkte von Konkurrenzunternehmen verweisen.*

- *Die Werbung schließlich möchte eine Aufstockung ihres Etats. Sie plant eine Kampagne mit Anzeigen in Fachzeitschriften, um die Vorteile spezieller Branchensoftware für die Zielgruppe deutlich zu machen und die Servicestärke des Unternehmens als Verkaufsargument hervorzuheben.*

Aus finanziellen Gründen kann das Unternehmen nur zwei der drei Anliegen realisieren.

Die Werbe- und Marketingfachleute von Soft News setzen sich jetzt auch mit den Entwicklungsingenieuren zusammen. Sie wollen gemeinsam feststellen, wie weit die zur Zeit am besten verkauften Produkte in ihrer Entwicklung am Markt gediehen sind. Die Grafik (Abb. 2) soll dabei helfen. Sie zeigt die typischen Lebenszyklen eines Produktes.

Um sich im Wettbewerb eine bessere Position zu sichern, wollen die Manager von Soft News diejenigen Leistungsmerkmale des Unternehmens in Werbung und PR deutlich herausstellen, die das Unternehmen deutlich von der Konkurrenz abheben können.

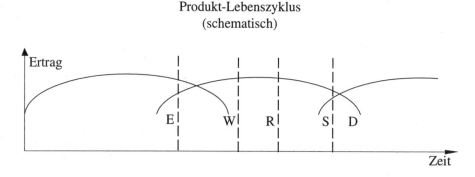

Abb. 2: Produkt-Lebenszyklus

Aufgaben

1. Wie wird die Marktstellung des Anbieters
   a) in Frankreich
   b) im Inland
   c) in Osteuropa bezeichnet?
2. Abbildung 1 zeigt zwei Unternehmen im Vergleich. Wie nennt sich diese Form der Analyse?
3. Welche der drei beschriebenen Maßnahmen zur Stärkung der Wettbewerbsfähigkeit sehen Sie als vorrangig an? Geben Sie eine kurze Begründung.
4. Nennen Sie die fünf Entwicklungsabschnitte innerhalb eines Produktzyklus.
5. Warum überlappen sich die Kurven in der Darstellung der Abbildung 2? Ist solch ein Produktzyklus gut für die Entwicklung eines Unternehmens?
6. Haben Software-Produkte eher kurze oder lange Lebenszyklen?
7. Bei der Diskussion um die Leistungsmerkmale des Unternehmens ist auch von USP und UMP die Rede. Welche Marketingbegriffe stecken dahinter?
8. Für welchen Begriff steht das Kürzel PR? Wie unterscheiden sich PR-Maßnahmen von Werbung?

Quergeschrieben

Situation 1

Die Boutique Yvonne in 22143 Hamburg, Hohenkamp 31, hat bei dem Textilgroßhändler Fashion International - Chic in Strick - Ware aus der neuen Sommer-Kollektion geordert. Mitte März werden die Strickkleider im Werte von 9.900,00 DM zzgl. 15 % USt. von der Fashion International ausgeliefert und am 18. 03. 97 in Rechnung gestellt.

Bei Vertragsabschluß anläßlich der Hamburger Modemesse wurde derzeit vereinbart, daß die Inhaberin der Boutique Yvonne, Frau Marlies Schmidt, zum Ausgleich der Rechnung einen 3-Monats-Wechsel akzeptiert. Am Verfalltag soll der Rechnungsbetrag von ihrem Konto bei der Dresdner Bank, Hamburg, BLZ 200 800 00, Kto.-Nr. 2 808 850 00, eingezogen werden.

Tobias Schneider, Auszubildender bei der Fashion International, bekommt den Auftrag, das Wechselformular auszustellen und dem Prokuristen Paul Wrage zur Unterschrift vorzulegen.

Abb. 1: Wechselformular

Tobias erledigt seinen Auftrag und zeigt den Wechsel seiner Vorgesetzten Anneliese Möller. Sie bittet ihn, doch auch gleich den Diskont auszurechnen. Tobias weiß, daß die Fashion International ihren Kunden 2% über dem Bank-Diskontsatz berechnet.

Von dem zuständigen Sachbearbeiter der Hausbank erfährt Tobias, daß für gute Handelswechsel 8,5% Diskont gefordert werden. Solche, die nicht rediskontfähig sind und deren Bonität zu Wünschen lassen, kosten dagegen 11,25 %. In beiden Fällen würden außerdem 34,50 DM Spesen anfallen.

Aufgaben

1. Was ist ein Schuld-, was ein Besitzwechsel?
2. Was kann der Aussteller - in diesem Fall die Fashion International - grundsätzlich mit einem Akzept anfangen?
3. Füllen Sie das Wechselformular vollständig aus.
4. Wie werden Diskont und Barwert generell ermittelt?
5. Welche Posten im Zusammenhang mit der Diskontberechnung unterliegen der Umsatzsteuer?
6. Berechnen Sie die Diskonte für die Diskontsätze bei guter und bei schlechter Bonität.
7. Welche Rechnung macht die Bank auf, wenn am 24. März der Wechsel zum Diskont eingereicht wird? Nehmen Sie auch hier beide Diskontsätze.
8. Buchen Sie die angefallenen Geschäftsvorfälle im Journal für den Fall der schlechten Bonität.

Situation 2

Wochen später verbringt Tobias einige Zeit in der Buchhaltung der Fashion International. Er hat den Auftrag zu berechnen, wie hoch Diskont und Barwerte für die folgenden Schuldwechsel sind. Vom Berufsschulunterricht hat Tobias eine vage Erinnerung daran, daß er Diskontzahlen und Diskontteiler benötigt, wenn mehrere Wechsel mit unterschiedlicher Laufzeit und verschiedenen Diskontsätzen zu berechnen sind.

Eine Kollegin, die er um Rat fragt, gibt ihm den Tip: „Das kannst Du getrost vergessen. Nimm doch einfach ein Tabellenkalkulationsprogramm."

Wechsel	Wechselsumme	Diskontsatz	Laufzeit/Tage
A	1.540,00 DM	8,00 %	80 Tage
B	8.735,00 DM	8,50 %	65 Tage
C	6.211,00 DM	8,50 %	70 Tage
D	5.799,00 DM	8,00 %	42 Tage
E	1.289,00 DM	8,00 %	55 Tage
F	5.723,00 DM	8,00 %	73 Tage

Quergeschrieben

Aufgaben

9. Wie lauten die Formeln für Diskontzahl und Diskontteiler; und wie gehen die in die Formel zur Berechnung des Diskontes ein?

10. Warum sind bei einer Berechnung des Diskontes mit einem Tabellenkalkulationsprogramm Diskontzahl und Diskontteiler nicht notwendig?

11. Stellen Sie den Sachverhalt in einer Tabelle dar und berechnen Sie dabei Diskont und Barwert pro Wechsel sowie insgesamt.

12. Wie lauten die Buchungssätze,
    a) wenn eine Wareneinkaufs-Rechnung sofort mit einem Schuldwechsel beglichen wird?
    b) wenn dieses erst später geschieht?

Abgemacht

Situation

Die Heinz Schlau OHG, Düsseldorf, benötigt für die Herstellung des Büroregals „Elegance" unter anderem furniertes Holz. Um sich einen Überblick über die aktuellen Angebotsbedingungen zu verschaffen, hat der Einkäufer, Herr Schmitt, bei drei verschiedenen Holzanbietern Angebote eingeholt.

Nachdem Herr Schmitt die Angebote der verschiedenen Anbieter verglichen hat, entschließt er sich, das Holz bei der Firma Martin Berger zu beschaffen (Abb. 1). Aus diesem Grunde schreibt er eine Bestellung und versendet sie am 25. 06. 1997. Die Sachbearbeiterin der Firma Martin Berger, Frau Schneider, erhält das Schreiben am 26. 06. 1997 (Abb.2).

BERGER HOLZ UND SÄGEWERK

MARTIN BERGER • Zum Wald 17 • 40668 Meerbusch

Heinz Schlau OHG
Büromöbelfabrik
Suitbertusstr. 12

40216 Düsseldorf

Ihr Zeichen, Ihre Nachricht	Unser Zeichen, unsere Nachricht	☎ (02150) 2117	Meerbusch
Th-Be, 13.06.97	Sa/Bl		20.06.1997

Angebot 1800/HS

Sehr geehrter Herr Schmitt,

bezüglich Ihrer Anfrage vom 13.06.97 können wir Ihnen folgendes Angebot unterbreiten:

    Spanplatte, Güteklasse A3, beidseitig furniert, schwarz, 2,72 DM pro qm.

Bei den angebotenen Spanplatten handelt es sich um Spezialzuschnitt bester Verarbeitung. Für Paßgenauigkeit garantieren wir.

Ab einer Absatzmenge von 1.000 qm können wir Ihnen einen Sonderrabatt von 10 % des Nettopreises gewähren. Sollten sie bei uns bestellen, so liefern wir Ihnen das Material gerne zum vereinbarten Zeitpunkt frei Haus. Unsere Zahlungsbedingungen lauten: 10 Tage 3 % oder 60 Tage netto.

Über einen Auftrag von Ihnen freuen wir uns.

Mit freundlichen Grüßen

Martin Berger

ppa. *Gisela Schneider*

Abb. 1: Angebot

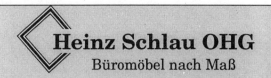

Heinz Schlau OHG
Büromöbel nach Maß

Heinz Schlau OHG • Suitbertusstr. 12 • 40216 Düsseldorf

Martin Berger
Sägewerk
Zum Wald 17

40668 Meerbusch

Bestellung

Ihr Zeichen, Ihre Nachricht	Unser Zeichen, unsere Nachricht	☏ (0211) 34 01 47 -	Düsseldorf
Sa/Bl 20.06.97	Th/Be	440	25.06.1997

Bestellung

Sehr geehrte Frau Schneider,

aufgrund Ihres Angebotes bestellen wir zur sofortigen Lieferung, spätestens jedoch innerhalb 4 Wochen ab dem Bestelldatum:

2.750 m^2 Spanplatte, Gütekl. A3, beidseitig furniert, schwarz, 2,72 DM pro m^2

zu den von Ihnen genannten Bedingungen.

Bitte teilen Sie uns den genauen Liefertermin schriftlich mit.

Mit freundlichen Grüßen

Heinz Schlau OHG

ppa. *Thomas Schmitt*

Geschäftsräume	Telefon: (0211) 37677	Kontoverbindung:	
Suitbertusstr. 12	Telefax: (0211) 37675	Stadtsparkasse Düsseldorf	Postbank Essen
40216 Düsseldorf		BLZ 360 300 20	BLZ 300 502 50
Registergericht Düsseldorf	HRB 5200	Konto-Nr.: 560 125 451	Konto-Nr.: 777 444 555

Abb. 2: Bestellung

Aufgaben

Ziehen Sie zur Beantwortung der Fragen den Gesetzestext (Abb. 3) zu Rate und begründen Sie Ihre Antworten durch Nennung entsprechender Gesetzesaussagen.

1. Ist zwischen der Firma Heinz Schlau OHG und der Firma Martin Berger ein Kaufvertrag zustande gekommen? Beachten Sie besonders, ob das Angebot der Firma Berger bindend ist und zum Zeitpunkt der Bestellung noch gültig war.

2. Erklären Sie, warum die Anfrage der Firma Schlau keine Grundlage eines Kaufvertrages sein kann.

3. Nennen Sie mögliche Beispiele für Anträge und Annahmen, auf deren Grundlage ein Kaufvertrag zustande kommt.

4. Handelt es sich bei dem Angebot der Firma Martin Berger um ein verbindliches oder ein unverbindliches Angebot?

5. Ist die Firma Heinz Schlau an ihre Bestellung gebunden? Kann die Bestellung widerrufen werden?

6. Trennen Sie im dargestellten Fall das Verpflichtungs- und das Erfüllungsgeschäft.

7. Die Firma Berger hat sich mit ihrem Angebot verpflichtet, das genannte Material dem Käufer zu übereignen. An welchem Ort gilt diese Verpflichtung als erbracht? Welche Aussagen betreffend des Leistungsortes werden im BGB gemacht? Wie verhält es sich im dargestellten Fall?

8. Auch die Firma Heinz Schlau ist ein Verpflichtungsgeschäft eingegangen. So muß sie z. B. den vereinbarten Kaufpreis zahlen. Wo liegt im geschilderten Fall der Leistungsort für den Geldschuldner?

9. Im Angebot der Firma Berger finden sich keine Angaben über eine Versandverpackung. Wer hat im vorliegenden Fall die Kosten für eine Verpackung zu tragen?

10. Angenommen, die Firma Martin Berger hätte nach dem Zugang der Anfrage sofort 1.000 m² Holz zu den genannten Bedingungen geliefert.

    a) Welche rechtlichen Folgen ergäben sich für die Firma Heinz Schlau OHG? Beachten Sie dabei, daß es sich bei der Firma Berger um einen Lieferanten handelt, mit dem noch keine Geschäftsbeziehung bestand. Wie würden Sie reagieren?

    b) Welche rechtliche Lage würde sich ergeben, wenn die Firma Berger ohne vorherige Anfrage oder Bestellung durch die Firma Heinz Schlau 1.000 m² Spanplatten geliefert hätte, weil diese Mengen bereits seit geraumer Zeit in monatlichen Abständen auf Bestellung geliefert wurden. Wie sollte die Heinz Schlau OHG in diesem Fall reagieren?

11. Formulieren Sie für die Firma Martin Berger ein Angebot ohne rechtliche Bindung.

12. Gehen Sie davon aus, daß die Firma Heinz Schlau OHG ohne Einholung einer Anfrage die vorliegende Bestellung abgesandt hat und die Firma Berger mit einer Auftragsbestätigung antwortete (Abb. 4). Ist ein Kaufvertrag zustandegekommen? Welche rechtlichen Folgen ergeben sich für die Firma Berger bzw. für die Firma Heinz Schlau?

13. Angenommen, die in Aufgabe 12 beschriebene Auftragsbestätigung hätte inhaltlich mit der Bestellung übereingestimmt. Welche rechtliche Bedeutung hätte die Auftragsbestätigung dann gehabt?

Auszug aus dem BGB

§ 130 [Wirksamwerden der Willenserklärung gegenüber Abwesenden] (1) Eine Willenserklärung, die einem anderen gegenüber abzugeben ist, wird, wenn sie in dessen Abwesenheit abgegeben wird, in dem Zeitpunkt wirksam, in welchem sie ihm zugeht. Sie wird nicht wirksam, wenn dem anderen vorher oder gleichzeitig ein Widerruf zugeht.

§ 145 [Bindung an den Antrag] Wer einem anderen die Schließung eines Vertrages anträgt, ist an den Antrag gebunden, es sei denn, daß er die Gebundenheit ausgeschlossen hat.

§ 146 [Erlöschen des Antrags] Der Antrag erlischt, wenn er dem Antragenden gegenüber abgelehnt oder wenn er nicht diesem gegenüber nach den §§ 147 bis 149 rechtzeitig angenommen wird.

§ 147 [Annahmefrist] (1) Der einem Anwesenden gemachte Antrag kann nur sofort angenommen werden. Dies gilt auch von einer mittels Fernsprechers von Person zu Person gemachten Anfrage.
(2) Der einem Abwesenden gemachte Antrag kann nur bis zu dem Zeitpunkt angenommen werden, in welchem der Antragende den Eingang der Antwort unter regelmäßigen Umständen erwarten darf.

§ 148 [Bestimmung der Annahmefrist] Hat der Antragende für die Annahme des Antrages eine Frist bestimmt, so kann die Annahme nur innerhalb der Frist erfolgen.

§ 150 [Verspätete und abändernde Annahme] (1) Die verspätete Annahme eines Antrages gilt als neuer Antrag. (2) Eine Annahme unter Erweiterung, Einschränkung oder sonstiger änderung gilt als Ablehnung verbunden mit einem neuen Antrage.

§ 151 [Annahme ohne Erklärung gegenüber dem Antragenden] Der Vertrag kommt durch die Annahme des Vertrages zustande, ohne daß die Annahme dem Antragenden gegenüber erklärt zu werden braucht, wenn eine solche Erklärung nach der Verkehrssitte nicht zu erwarten ist oder der Antragende auf sie verzichtet hat. Der Zeitpunkt, in welchem der Antrag erlischt, bestimmt sich nach dem aus dem Antrag oder den Umständen zu entnehmenden Willen des Antragenden.

§ 269 [Leistungsort] (1) Ist ein Ort für die Leistung weder bestimmt noch aus den Umständen, insbesondere aus der Natur des Schuldverhältnisses, zu entnehmen, so hat die Leistung an dem Orte zu erfolgen, an welchem der Schuldner zur Zeit der Entstehung des Schuldverhältnisses seinen Wohnsitz hatte.

§ 270 [Zahlungsort] (1) Geld hat der Schuldner im Zweifel auf seine Gefahr und seine Kosten dem Gläubiger an dessen Wohnsitz zu übermitteln.

§ 271 [Leistungszeit] (1) Ist eine Zeit für die Leistung weder bestimmt noch aus den Umständen zu entnehmen, so kann der Gläubiger die Leistung sofort verlangen, der Schuldner sie sofort bewirken. (2) Ist eine Zeit bestimmt, so ist im Zweifel anzunehmen, daß der Gläubiger die Leistung nicht vor dieser Zeit verlangen, der Schuldner aber sie vorher bewirken kann.

§ 275 [Nicht zu vertretende Unmöglichkeit] (1) Der Schuldner wird von der Verpflichtung zur Leistung frei, soweit die Leistung infolge eines nach der Entstehung des Schuldverhältnisses eintretenden Umstandes, den er nicht zu vertreten hat, unmöglich wird.

§ 276 [Haftung für eigenes Verschulden] (1) Der Schuldner hat, sofern nicht ein anderes bestimmt ist, Vorsatz und Fahrlässigkeit zu vertreten. Fahrlässig handelt, wer die im Verkehr erforderliche Sorgfalt außer acht läßt. [...]

§ 279 [Unvermögen bei Gattungsschuld] Ist der geschuldete Gegenstand nur der Gattung nach bestimmt, so hat der Schuldner, solange die Leistung aus der Gattung möglich ist, sein Unvermögen zur Leistung auch dann zu vertreten, wenn ihm ein Verschulden nicht zur Last fällt.

§ 284 [Verzug des Schuldners] (1) Leistet der Schuldner auf eine Mahnung des Gläubigers nicht, die nach dem Eintritte der Fälligkeit erfolgt, so kommt er durch die Mahnung in Verzug. [...] (2) Ist für die Leistung eine Zeit nach dem Kalender bestimmt, so kommt der Schuldner ohne Mahnung in Verzug, wenn er nicht zu der bestimmten Zeit leistet. [...].

§ 285 [Kein Verzug ohne Verschulden] Der Schuldner kommt nicht in Verzug, solange die Leistung infolge eines Umstandes unterbleibt, den er nicht zu vertreten hat.

§ 286 [Verzugsschaden] (1) Der Schuldner hat dem Gläubiger den durch den Verzug entstehenden Schaden zu ersetzen. (2) Hat die Leistung infolge des Verzugs für den Gläubiger kein Interesse, so kann dieser unter Ablehnung der Leistung Schadenersatz wegen Nichterfüllung verlangen.

§ 326 [Verzug; Fristsetzung mit Ablehnungsandrohung] (1) Ist bei einem gegenseitigen Vertrage der eine Teil mit der ihm obliegenden Leistung in Verzuge, so kann ihm der andere Teil zur Bewirkung der Leistung eine angemessene Frist mit der Erklärung bestimmen, daß er die Annahme nach dem Ablaufe der Frist ablehne. Nach dem Ablaufen der Frist ist er berechtigt, Schadensersatz wegen Nichterfüllung zu verlangen oder von dem Vertrag zurückzutreten, wenn nicht die Leistung rechtzeitig erfolgt ist; der Anspruch der Erfüllung ist ausgeschlossen. [...] (2) hat die Erfüllung des Vertrages infolge des Verzuges für den anderen kein Interesse, so stehen ihm die im Absatz 1 bezeichneten Rechte zu, ohne daß es der Bestimmung einer Frist bedarf.

§ 433 [Grundpflichten des Verkäufers und des Käufers] (1) Durch den Kaufvertrag wird der Verkäufer einer Sache verpflichtet, dem Käufer die Sache zu übergeben und das Eigentum an der Sache zu verschaffen. [...] (2) Der Käufer ist verpflichtet, dem Verkäufer den vereinbarten Kaufpreis zu zahlen und die gekaufte Sache abzunehmen.

Abb. 3: Gesetzestext des BGB

BERGER HOLZ UND SÄGEWERK

MARTIN BERGER • Zum Wald 17 • 40668 Meerbusch

Heinz Schlau OHG
Büromöbelfabrik
Suitbertusstr. 12

40216 Düsseldorf

Ihr Zeichen, Ihre Nachricht	Unser Zeichen, unsere Nachricht	☏ (02150) 2117	Meerbusch
Th-Be, 25.06.97	Sa/Bl		28.06.1997

Auftragsbestätigung

Sehr geehrter Herr Schmitt,

gerne bestätigen wir Ihnen Ihre Bestellung. Am 10.07.97 werden wir folgende Lieferung frei Haus ausführen:

2.750 m² Spanplatte, Güteklasse A3, beidseitig furniert, schwarz, 2,82 DM pro qm.

Vielen Dank für Ihren Auftrag.

Mit freundlichen Grüßen

Martin Berger

ppa. *Gisela Schneider*

Abb. 4: Auftragsbestätigung

Lieferung mangelhaft

Situation

Der Einkäufer der Heinz Schlau OHG, Herr Schmitt, hat zunächst von verschiedenen Holzanbietern Angebote eingeholt, diese verglichen und nach gründlicher Prüfung der Angebotsbedingungen sich für die Firma Martin Berger entschieden.

Nachdem die Firma Berger den Liefertermin schriftlich mitteilte, wird das bestellte Holz am 10. 07. 97 durch den LKW der Firma Berger an der Rampe des Eingangslagers angeliefert. Herr Kaiser, der Lagerleiter, nimmt die Ware in Empfang. Die Warenlieferung besteht aus 55 Kartons zu je 50 m^2 Holz.

Aufgaben

Ziehen Sie zur Beantwortung der Fragen ggf. den Gesetzestext (Abb. 1) zu Rate und begründen Sie Ihre Antworten durch Nennung entsprechender Gesetzesaussagen.

1. Zur Durchführung der Wareneingangskontrolle benötigt Herr Kaiser zahlreiche Belege. Nennen Sie diese und erklären Sie ihre Bedeutung für die Kontrolle.

2. Herr Kaiser untersucht die angelieferten Kartons und stellt keinen erkennbaren Schaden fest. Wie sollte er sich aber verhalten, wenn die Sendung offensichtlich beschädigt oder unvollständig ist?

3. Nachdem Herr Kaiser dem Transporteur die Annahme der Ware quittiert hat, werden die Kartons mit Hilfe eines Gabelstaplers sofort in das entsprechende Lagerfach geräumt, um von dort aus verwendet zu werden. Verhält sich Herr Kaiser richtig? Wie könnte sich Kaiser verhalten, wenn er eine Lieferung als Privatmann erhalten hätte?

4. Da es sich bei der Lieferung der Firma Berger um 55 Kartons handelt, sieht sich Kaiser außerstande, den Inhalt sämtlicher Kartons auf Art, Menge und Beschaffenheit hin zu überprüfen. Was raten Sie ihm?

5. Nehmen Sie eine Unterscheidung zwischen offenen und versteckten Mängeln vor. Nennen Sie jeweils ein Beispiel für einen offenen und einen versteckten Mangel bezogen auf das Fallbeispiel. Was wäre in diesem Zusammenhang ein arglistig verschwiegener Mangel?

6. Im Rahmen der stichprobenartigen Prüfung der gelieferten Ware stellt Herr Kaiser und sein Mitarbeiter fest, daß die Ware mit Mängeln behaftet ist. Welche Mängel könnten dies im vorliegenden Fall sein? Nennen Sie alle möglichen Mängel.

7. Von den unter 1. aufgeführten Mängel wird lediglich einer im BGB erwähnt. Nennen Sie den zugehörigen Paragraphen. Welche Ausnahmen werden gemacht? Welche rechtlichen Folgen ergeben sich dadurch, daß die beiden anderen Mängelarten nicht im BGB genannt werden?

8. Welche Rechte hätte die Heinz Schlau OHG gegenüber dem Lieferanten des Holzes nach dem BGB, wenn ein Mangel entdeckt wird? Nennen Sie ggf. Voraussetzungen, die zur Geltendmachung des Rechtes vorliegen müssen.

9. Betrachten Sie den § 465 BGB. Wie ist der Inhalt bezogen auf das Zustandekommen von Verträgen zu deuten?

10. Unter 1. wurde geschildert, daß Herr Kaiser einen Schaden an der gelieferten Ware feststellt. Innerhalb welchen Zeitraumes kann die Heinz Schlau OHG gegenüber dem Lieferanten ihre Rechte aufgrund mangelhafter Lieferung geltend machen? Welcher Unterschied wird unter Einbeziehung des § 377 HGB zwischen einem Kaufmann und einem Nichtkaufmann bezogen auf die Rügepflicht gemacht? Wie würden Sie diese gesetzliche Unterscheidung begründen?

11. Betrachten Sie das Angebot der Firma Berger sowie die Bestellung der Heinz Schlau OHG (Abb. 2 und 3). Wie beurteilen Sie die Rechtslage in folgenden alternativen Fällen? Berechnen Sie zu jedem Fall die Verbindlichkeit gegenüber der Firma Martin Berger.

    a) Die Firma Martin Berger liefert am 10.07.97 lediglich 2.700 m² Spanplatten. Da auch im Lieferschein lediglich ein Lieferumfang von 2.700 m² genannt wird, ist die Minderlieferung offensichtlich. Der Lagerleiter unterläßt jedoch die unverzügliche Mängelrüge. Erst als die Martin Berger die Begleichung der Rechnung über 6.732,— DM verlangt, also für 2.750 m², rügt die Heinz Schlau OHG die Minderlieferung. Muß die Rechnung in voller Höhe beglichen werden?

    b) Die Firma Martin Berger liefert am 10.07.97 lediglich 2.700 m² Spanplatten. Da der Lieferschein jedoch einen Lieferumfang von 2.750 m² dokumentiert, fällt die Minderlieferung zunächst nicht auf. Erst bei einer späteren Kontrolle bemerkt der Lagerleiter, daß 50 m² Holz zu wenig geliefert wurden. Trotzdem mahnt er nicht, da er die Höhe der Rechnung abwarten will. Tatsächlich fordert die Firma Berger wenig später 6.732,— DM. Muß die Heinz Schlau OHG trotz Minderlieferung den Preis zahlen?

    c) Die Firma Martin Berger liefert am 10.07.97 mehr als bestellt, nämlich 2.800 m² Spanplatten. Der Lagerleiter bemerkt den Fehler, hofft jedoch, daß lediglich die bestellte Menge in Rechnung gestellt wird und rügt daher nicht. Als wenig später in der Rechnung jedoch 6.854,40 DM gefordert werden, rügt die Heinz Schlau OHG die Mehrlieferung. Muß die Rechnung in voller Höhe beglichen werden?

Lieferung magelhaft

Auszug aus dem BGB

§ 433 Pflichten des Verkäufers. (1) Durch den Kaufvertrag wird der Verkäufer einer Sache verpflichtet, dem Käufer die Sache zu übergeben und das Eigentum an der Sache zu verschaffen. (2) Der Käufer ist verpflichtet, dem Verkäufer den vereinbarten Kaufpreis zu zahlen und die gekaufte Sache abzunehmen.

§ 434 Gewährleistung wegen Rechtsmängel. Der Verkäufer ist verpflichtet, dem Käufer den verkauften Gegenstand frei von Rechten zu verschaffen, die von Dritten gegen den Käufer geltend gemacht werden könnten.

§ 446 Gefahrübergang. (1) Mit der Übergabe der verkauften Sache geht die Gefahr des zufälligen Untergangs und einer zufälligen Verschlechterung auf den Käufer über. Von der Übergabe an gebühren dem Käufer die Nutzung und er trägt die Lasten der Sache.

§ 447 Versendungskauf. (1) Versendet der Verkäufer auf Verlangen des Käufers die verkaufte Sache nach einem anderen Ort als dem Erfüllungsorte, so geht die Gefahr auf den Käufer über, sobald der Verkäufer die Sache dem Spediteur, dem Frachtführer oder sonst zur Ausführung der Versendung bestimmten Person oder Anstalt ausgeliefert hat. (2) Hat der Käufer eine besondere Anweisung über die Art der Versendung erteilt und weicht der Verkäufer ohne dringenden Grund von der Anweisung ab, so ist der Verkäufer dem Käufer für den daraus entstehenden Schaden verantwortlich.

§ 448 Kosten der Übergabe. (1) Die Kosten der Übergabe der verkauften Sache, insbesondere die Kosten des Messens und Wägens, fallen dem Verkäufer, die Kosten der Abnahme und der Versendung der Sache nach einem anderen Orte als dem Erfüllungsorte fallen dem Käufer zur Last.

§ 459 Sachmängel. (1) Der Verkäufer einer Sache haftet dem Käufer dafür, daß sie zu der Zeit, zu welcher die Gefahr auf den Käufer übergeht, nicht mit Fehlern behaftet ist, die den Wert oder die Tauglichkeit zu dem gewöhnlichen oder dem nach dem Vertrage vorausgesetzten Gebrauch aufheben oder mindern. Eine unerhebliche Minderung des Wertes oder der Tauglichkeit kommt nicht in Betracht. (2) Der Verkäufer haftet auch dafür, daß die Sache zur Zeit der Übergabe der Gefahr die zugesicherten Eigenschaften hat.

§ 460 Kenntnis des Käufers. Der Verkäufer hat einen Mangel der verkauften Sache nicht zu vertreten, wenn der Käufer den Mangel bei dem Abschluß des Kaufes kennt. Ist dem Käufer ein Mangel der im § 459 Abs. 1 bezeichneten Art infolge grober Fahrlässigkeit unbekannt geblieben, so haftet der Verkäufer, sofern er nicht die Abwesenheit des Fehlers zugesichert hat, nur, wenn er den Fehler arglistig verschwiegen hat.

§ 462 Wandelung, Minderung. Wegen eines Mangels, den der Verkäufer nach den Vorschriften der §§ 459, 460 zu vertreten hat, kann der Käufer Rückgängigmachung des Kaufes (Wandelung) oder Herabsetzung des Kaufpreises (Minderung) verlangen.

§ 463 Schadenersatz wegen Nichterfüllung. Fehlt der verkauften Sache zur Zeit des Kaufes eine zugesicherte Eigenschaft, so kann der Käufer statt der Wandelung oder der Minderung Schadenersatz wegen Nichterfüllung verlangen. Das gleiche gilt, wenn der Verkäufer einen Fehler arglistig verschwiegen hat.

§ 464 Vorbehalt der Rechte. Nimmt der Käufer eine mangelhafte Sache an, obschon er den Mangel kennt, so stehen ihm die in den §§ 462, 463 bestimmten Ansprüche nicht zu, wenn er sich seine Rechte wegen des Mangels bei der Annahme vorbehält.

§ 465 Vollziehung der Wandelung oder Minderung. Die Wandelung oder die Minderung ist vollzogen, wenn sich der Verkäufer auf Verlangen des Käufers mit ihr einverstanden erklärt.

§ 476 Arglistiges Verschweigen. Eine Vereinbarung, durch welche die Verpflichtung des Verkäufers zur Gewährleistung wegen Mängel der Sache erlassen oder beschränkt wird, ist nichtig, wenn der Verkäufer den Mangel arglistig verschweigt.

§ 476a Aufwendungen bei Nachbesserung. Ist an Stelle des Rechts des Käufers auf Wandelung oder Minderung das Recht auf Nachbesserung vereinbart, so hat der zur Nachbesserung verpflichtete Verkäufer auch die zum Zwecke der Nachbesserung erforderlichen Aufwendungen, insbesondere Transport-, Wege-, Arbeits- und Materialkosten, zu tragen. Dies gilt nicht, soweit die Aufwendungen sich erhöhen, weil die gekaufte Sache nach der Lieferung an einen anderen Ort als den Wohnsitz oder die gewerbliche Niederlassung des Empfängers verbracht worden ist, es sei denn, das Verbringen entspricht dem bestimmungsgemäßen Gebrauch der Sache.

§ 477 Verjährung der Gewährleistungsansprüche. (1) Der Anspruch auf Wandelung oder Minderung sowie der Anspruch auf Schadenersatz wegen Mangels einer zugesicherten Eigenschaft verjährt, sofern nicht der Verkäufer den Mangel arglistig verschwiegen hat, bei beweglichen Sachen in sechs Monaten von der Ablieferung, bei Grundstücken in einem Jahre von der Übergabe an. Die Verjährungsfrist kann durch Vertrag verlängert werden.

§ 480 Gattungskauf. (1) Der Käufer einer nur der Gattung nach bestimmten Sache kann statt der Wandelung oder der Minderung verlangen, daß ihm an Stelle der mangelhaften Sache eine mängelfreie geliefert wird. (2) Fehlt der Sache zu der Zeit, zu welcher die Gefahr auf den Käufer übergeht, eine zugesicherte Eigenschaft oder hat der Verkäufer einen Fehler arglistig verschwiegen, so kann der Käufer statt der Wandelung, der Minderung oder Lieferung einer mangelfreien Sache Schadenersatz wegen Nichterfüllung verlangen.

§ 823 Schadenersatzpflicht. (1) Wer vorsätzlich oder fahrlässig das Leben, den Körper, die Gesundheit, die Freiheit, das Eigentum oder ein sonstiges Recht eines anderen widerrechtlich verletzt, ist dem anderen zum Ersatze des daraus entstehenden Schadens verpflichtet.

Auszug aus dem HGB

§ 377 Untersuchungs- und Rügepflicht. (1) Ist der Kauf für beide Teile ein Handelsgeschäft, so hat der Käufer die Ware unverzüglich nach der Ablieferung durch den Verkäufer, soweit dies nach ordnungsmäßigem Geschäftsgange tunlich ist, zu untersuchen und, wenn sich ein Mangel zeigt, dem Verkäufer unverzüglich Anzeige zu machen. (2) Unterläßt der Käufer die Anzeige, so gilt die Ware als genehmigt, es sei denn, daß es sich um einen Mangel handelt, der bei der Untersuchung nicht erkennbar war. (3) Zeigt sich später ein solcher Mangel, so muß die Anzeige unverzüglich nach der Entdeckung gemacht werden; anderenfalls gilt die Ware auch in Ansehung dieses Mangels als genehmigt. (4) Zur Erhaltung der Rechte des Käufers genügt die rechtzeitige Absendung der Anzeige. (5) Hat der Verkäufer den Mangel arglistig verschwiegen, so kann er sich auf diese Vorschriften nicht berufen.

§ 378 Untersuchungs- und Rügepflicht bei Falschlieferung oder Mengenfehlern. Die Vorschriften des § 377 finden auch dann Anwendung, wenn eine andere als die bedungene Ware oder eine andere als die bedungene Menge von Ware geliefert ist, sofern die gelieferte Ware nicht offensichtlich von der Bestellung so erheblich abweicht, daß der Verkäufer die Genehmigung des Käufers als ausgeschlossen betrachten mußte.

§ 379 Einstweilige Aufbewahrung. (1) Ist der Kauf für beide Teile ein Handelsgeschäft, so ist der Käufer, wenn er ihm von einem anderen Orte übersendete Ware beanstandet, verpflichtet, für ihre einstweilige Aufbewahrung zu sorgen.

Abb. 1: Gesetzestext

BERGER HOLZ UND SÄGEWERK

MARTIN BERGER • Zum Wald 17 • 40668 Meerbusch

Heinz Schlau OHG
Büromöbelfabrik
Suitbertusstr. 12

40216 Düsseldorf

Ihr Zeichen, Ihre Nachricht	Unser Zeichen, unsere Nachricht	☎ (02150) 2117	Meerbusch
Th-Be 13.06.97	Sa/Bl		20.06.1997

Angebot 1800/HS

Sehr geehrter Herr Schmitt,

bezüglich Ihrer Anfrage vom 13.06.97 können wir Ihnen folgendes Angebot unterbreiten:

  Spanplatte, Güteklasse A3, beidseitig furniert, schwarz, 2,72 DM pro qm.

Bei den angebotenen Spanplatten handelt es sich um Spezialzuschnitt bester Verarbeitung. Für Paßgenauigkeit garantieren wir.

Ab einer Absatzmenge von 1.000 qm können wir Ihnen einen Sonderrabatt von 10 % des Nettopreises gewähren. Sollten sie bei uns bestellen, so liefern wir Ihnen das Material gerne zum vereinbarten Zeitpunkt frei Haus. Unsere Zahlungsbedingungen lauten: 10 Tage 3 % oder 60 Tage netto.

Über einen Auftrag von Ihnen freuen wir uns.

Mit freundlichen Grüßen

Martin Berger

ppa. *Gisela Schneider*

Abb. 2: Angebot

Büromöbel nach Maß

Heinz Schlau OHG • Suitbertusstr. 12 • 40216 Düsseldorf

Martin Berger
Sägewerk
Zum Wald 17

40668 Meerbusch

Ihr Zeichen, Ihre Nachricht	Unser Zeichen, unsere Nachricht	☎ (0211) 34 01 47 -	Düsseldorf
Sa/Bl 20.06.97	Th/Be	440	25.06.1997

Bestellung

Sehr geehrte Frau Schneider,

aufgrund Ihres Angebotes bestellen wir zur sofortigen Lieferung, spätestens jedoch innerhalb 4 Wochen ab dem Bestelldatum:

2.750 m^2 Spanplatte, Gütekl. A3, beidseitig furniert, schwarz, 2,72 DM pro m^2

zu den von Ihnen genannten Bedingungen.

Bitte teilen Sie uns den genauen Liefertermin schriftlich mit.

Mit freundlichen Grüßen

Heinz Schlau OHG

ppa. *Thomas Schmitt*

Geschäftsräume	Telefon: (0211) 37677	Kontoverbindung:	
Suitbertusstr. 12	Telefax: (0211) 37675	Stadtsparkasse Düsseldorf	Postbank Essen
40216 Düsseldorf		BLZ 360 300 20	BLZ 300 502 50
Registergericht Düsseldorf HRB 5200		Konto-Nr.: 560 125 451	Konto-Nr.: 777 444 555

Abb. 3: Bestellung

Wer zu spät kommt

Situation

Der Einkäufer der Heinz Schlau OHG, Herr Schmitt, hat zunächst von verschiedenen Holzanbietern Angebote eingeholt, diese verglichen und nach gründlicher Prüfung der Angebotsbedingungen sich für die Firma Martin Berger entschieden.

Nach durchgeführter Lieferantenauswahl hatte sich Herr Schmitt entschlossen, 2.750 m² Holz bei der Firma Berger zu bestellen (Abb. 1). Die Firma Berger hatte in ihrem Angebot sofortige Lieferung frei Haus zugesagt (Abb. 2). In der Bestellung vom 25. 06. 97 verlangte Herr Schmitt eine Belieferung innerhalb von vier Wochen ab Bestelldatum. Leider liefert die Firma Berger nicht rechtzeitig.

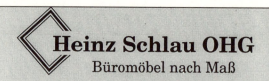
Heinz Schlau OHG
Büromöbel nach Maß

Heinz Schlau OHG • Suitbertusstr. 12 • 40216 Düsseldorf

Martin Berger
Sägewerk
Zum Wald 17

40668 Meerbusch

Ihr Zeichen, Ihre Nachricht	Unser Zeichen, unsere Nachricht	☎ (0211) 34 01 47 -	Düsseldorf
Sa/Bl 20.06.97	Th/Be	440	25.06.1997

Bestellung

Sehr geehrte Frau Schneider,

aufgrund Ihres Angebotes bestellen wir zur sofortigen Lieferung, spätestens jedoch innerhalb 4 Wochen ab dem Bestelldatum:

2.750 m² Spanplatte, Gütekl. A3, beidseitig furniert, schwarz, 2,72 DM pro m²

zu den von Ihnen genannten Bedingungen.

Bitte teilen Sie uns den genauen Liefertermin schriftlich mit.

Mit freundlichen Grüßen

Heinz Schlau OHG

ppa. *Thomas Schmitt*

Geschäftsräume	Telefon: (0211) 37677	Kontoverbindung:	
Suitbertusstr. 12	Telefax: (0211) 37675	Stadtsparkasse Düsseldorf	Postbank Essen
40216 Düsseldorf		BLZ 360 300 20	BLZ 300 502 50
Registergericht Düsseldorf	HRB 5200	Konto-Nr.: 560 125 451	Konto-Nr.: 777 444 555

Abb. 1: Bestellung

BERGER HOLZ UND SÄGEWERK

MARTIN BERGER • Zum Wald 17 • 40668 Meerbusch

Heinz Schlau OHG
Büromöbelfabrik
Suitbertusstr. 12

40216 Düsseldorf

Ihr Zeichen, Ihre Nachricht	Unser Zeichen, unsere Nachricht	☎ (02150) 2117	Meerbusch
Th-Be 13.06.97	Sa/Bl		20.06.1997

Angebot 1800/HS

Sehr geehrter Herr Schmitt,

bezüglich Ihrer Anfrage vom 13.06.97 können wir Ihnen folgendes Angebot unterbreiten:

Spanplatte, Gütekl. A3, beidseitig furniert, schwarz, 2,72 DM pro qm.

Bei den angebotenen Spanplatten handelt es sich um Spezialzuschnitt bester Verarbeitung. Für Paßgenauigkeit garantieren wir.

Ab einer Absatzmenge von 1.000 qm können wir Ihnen einen Sonderrabatt von 10 % des Nettopreises gewähren. Sollten sie bei uns bestellen, so liefern wir Ihnen das Material gerne zum vereinbarten Zeitpunkt frei Haus. Unsere Zahlungsbedingungen lauten: 10 Tage 3 % oder 60 Tage netto.

Über einen Auftrag von Ihnen freuen wir uns.

Mit freundlichen Grüßen

Martin Berger

ppa. *Gisela Schneider*

Abb. 2: Angebot

Aufgaben

Ziehen Sie zur Beantwortung der Fragen den Gesetzestext (Abb. 3) zu Rate und begründen Sie Ihre Antworten durch Nennung entsprechender Gesetzesaussagen.

1. Welche Voraussetzungen müssen gegeben sein, damit der Lieferant in Verzug gerät? Zählen Sie diese auf.

2. Wann muß ein Lieferant liefern, wenn keine Lieferzeit im Kaufvertrag vereinbart wurde?

3. Wann gerät ein Lieferant auch ohne Mahnung durch den Kunden in Lieferungsverzug?

4. Welche Rechte stehen dem Käufer beim Lieferungsverzug zu?

5. Was versteht man unter einem konkreten und einem abstrakten Schaden?

6. Am 14. 07. 97 ist das bestellte Holz noch immer nicht durch die Firma Berger geliefert worden. Da das Holz dringend benötigt wird, fragt sich Herr Schmitt, ob sich die Firma Berger bereits im Lieferungsverzug befindet. Was antworten Sie ihm?

7. Am 23.07.97 ist von der Firma Berger weder eine Nachricht angekommen, noch eine Lieferung erfolgt. Welche Möglichkeiten hat die Firma Heinz Schlau nun?

8. Formulieren Sie den Text für ein Schreiben an die Firma Berger, in dem diese auf den Lieferungsverzug hingewiesen wird. Desweiteren setzen Sie eine angemessene Nachfrist und drohen Sie die Forderung eines Schadenersatzes wegen Nichterfüllung an.

9. Warum kann die Firma Heinz Schlau OHG nach Ablauf der Nachfrist nicht vom Kaufvertrag zurücktreten und gleichzeitig Schadenersatz wegen Nichterfüllung verlangen?

Auszug aus dem BGB

Zweites Buch. Recht der Schuldverhältnisse
Erster Abschnitt. Inhalt der Schuldverhältnisse
Erster Titel. Verpflichtung zur Leistung

§ 242 [Leistung nach Treu und Glauben] Der Schuldner ist verpflichtet, die Leistung so zu bewirken, wie Treu und Glauben mit Rücksicht auf die Verkehrssitte es erfordern.

§ 243 [Gattungsschuld] (1) Wer eine nur der Gattung nach bestimmte Sache schuldet, hat eine Sache von mittlerer Art und Güte zu leisten. (2) Hat der Schuldner das zur Leistung einer solchen Sache seinerseits Erforderliche getan, so beschränkt sich das Schuldverhältnis auf diese Sache.

§ 249 [Schadenersatz] Wer zum Schadenersatze verpflichtet ist, hat den Zustand herzustellen, der bestehen würde, wenn der zum Ersatze verpflichtete Umstand nicht eingetreten wäre. [...]

§ 250 [Fristsetzung] Der Gläubiger kann dem Ersatzpflichtigen zur Herstellung eine angemessene Nachfrist mit der Erklärung bestimmen, daß er die Herstellung nach dem Ablaufe ablehne. Nach dem Ablaufe der Frist kann der Gläubiger den Ersatz in Geld verlangen, wenn nicht die Herstellung rechtzeitig erfolgt; der Anspruch auf die Herstellung ist ausgeschlossen.

§ 252 [Entgangener Gewinn] Der zu ersetzende Schaden umfaßt auch den entgangenen Gewinn. Als entgangen gilt der Gewinn, welcher nach dem gewöhnlichen Laufe der Dinge oder nach den besonderen Umständen, insbesondere nach den getroffenen Anstalten und Vorkehrungen, mit Wahrscheinlichkeit erwartet werden konnte.

§ 269 [Leistungsort] (1) Ist ein Ort für die Leistung weder bestimmt noch aus den Umständen, insbesondere aus der Natur des Schuldverhältnisses, zu entnehmen, so hat die Leistung an dem Orte zu erfolgen, an welchem der Schuldner zur Zeit der Entstehung des Schuldverhältnisses seinen Wohnsitz hatte.

§ 270 [Zahlungsort] Geld hat der Schuldner im Zweifel auf seine Gefahr und seine Kosten dem Gläubiger an dessen Wohnsitz zu übermitteln.

§ 271 [Leistungszeit] (1) Ist eine Zeit für die Leistung weder bestimmt noch aus den Umständen zu entnehmen, so kann der Gläubiger die Leistung sofort verlangen, der Schuldner sie sofort bewirken. (2) Ist eine Zeit bestimmt, so ist im Zweifel anzunehmen, daß der Gläubiger die Leistung nicht vor dieser Zeit verlangen, der Schuldner aber sie vorher bewirken kann.

§ 275 [Nicht zu vertretende Unmöglichkeit] (1) Der Schuldner wird von der Verpflichtung zur Leistung frei, soweit die Leistung infolge eines nach der Entstehung des Schuldverhältnisses eintretenden Umstandes, den er nicht zu vertreten hat, unmöglich wird.

§ 276 [Haftung für eigenes Verschulden] (1) Der Schuldner hat, sofern nicht ein anderes bestimmt ist, Vorsatz und Fahrlässigkeit zu vertreten. Fahrlässig handelt, wer die im Verkehr erforderliche Sorgfalt außer acht läßt. [...]

§ 279 [Unvermögen bei Gattungsschuld] Ist der geschuldete Gegenstand nur der Gattung nach bestimmt, so hat der Schuldner, solange die Leistung aus der Gattung möglich ist, sein Unvermögen zur Leistung auch dann zu vertreten, wenn ihm ein Verschulden nicht zur Last fällt.

§ 284 [Verzug des Schuldners] (1) Leistet der Schuldner auf eine Mahnung des Gläubigers nicht, die nach dem Eintritte der Fälligkeit erfolgt, so kommt er durch die Mahnung in Verzug. [...]. (2) Ist für die Leistung eine Zeit nach dem Kalender bestimmt, so kommt der Schuldner ohne Mahnung in Verzug, wenn er nicht zu der bestimmten Zeit leistet. [...].

§ 285 [Kein Verzug ohne Verschulden] Der Schuldner kommt nicht in Verzug, solange die Leistung infolge eines Umstandes unterbleibt, den er nicht zu vertreten hat.

§ 286 [Verzugsschaden] (1) Der Schuldner hat dem Gläubiger den durch den Verzug entstehenden Schaden zu ersetzen. (2) Hat die Leistung infolge des Verzugs für den Gläubiger kein Interesse, so kann dieser unter Ablehnung der Leistung Schadensersatz wegen Nichterfüllung verlangen.

§ 326 [Verzug; Fristsetzung mit Ablehnungsandrohung] (1) Ist bei einem gegenseitigen Vertrage der eine Teil mit der ihm obliegenden Leistung in Verzuge, so kann ihm der andere Teil zur Bewirkung der Leistung eine angemessene Frist mit der Erklärung bestimmen, daß er die Annahme nach dem Ablaufe der Frist ablehne. Nach dem Ablaufen der Frist ist er berechtigt, Schadensersatz wegen Nichterfüllung zu verlangen oder von dem Vertrage zurückzutreten, wenn nicht die Leistung rechtzeitig erfolgt ist; der Anspruch der Erfüllung ist ausgeschlossen. [...] (2) Hat die Erfüllung des Vertrages infolge des Verzuges für den anderen kein Interesse, so stehen ihm die im Absatz 1 bezeichneten Rechte zu, ohne daß es der Bestimmung einer Frist bedarf.

Siebenter Abschnitt. Einzelne Schuldverhältnisse
Erster Titel. Kauf. Tausch

§ 433 [Grundpflichten des Verkäufers und des Käufers] (1) Durch den Kaufvertrag wird der Verkäufer einer Sache verpflichtet, dem Käufer die Sache zu übergeben und das Eigentum an der Sache zu verschaffen. [...] (2) Der Käufer ist verpflichtet, dem Verkäufer den vereinbarten Kaufpreis zu zahlen und die gekaufte Sache abzunehmen.

Abb. 3: Gesetzestext des BGB

Im Prämiendschungel

Situation 1

Die Firma Thomas Wagner & Partner in Reinbek erhält von der HUK-Coburg, der KFZ-Versicherungsgesellschaft für ihre Geschäftswagen, drei Prämien-Mitteilungen (siehe Abb. 2, 3 und 4) für das nächste Jahr. Hierin werden nicht nur die neuen Prämien angekündigt, sondern auch Umstellungsangebote gemacht.

- Je nach jährlicher Fahrleistung der Autos,
- je nachdem, ob die Wagen in einer Garage untergebracht werden,
- je nachdem, wer die Fahrzeuge nutzt,

sind andere Prämien sowohl in der Kfz-Haftpflicht als auch in der Kaskoversicherung vorgesehen.

Herr Wagner schaut sich die drei Mitteilungen kurz an und ruft dann Frau Bärbel Kleinschmitt zu sich. „Frau Kleinschmitt, ich steig' da nicht richtig durch. Können Sie mir bitte bis heute Mittag eine detaillierte Aufstellung – am besten mit EXCEL – machen, aus der ich genau ersehen kann, ob – und gegenbenenfalls wieviel – wir mehr bezahlen müssen."

Bärbel nimmt die Unterlagen und setzt sich an ihrem PC. Nach kurzer Zeit ruft sie Herrn Wagner an, um sich zusätzliche Informationen zu holen. Auf ihre Frage, wie hoch denn die jährlichen Fahleistungen der Fahrzeuge seien, wird sie von Herrn Wagner an die Buchhaltung verwiesen. Hier erhält sie folgende Liste.

Fahrzeug	Km-Stand Jahresanfang	Km-Stand Jahresende
Porsche	64.100	76.400
Jaguar	139.600	159.800
Saab	94.550	120.670

Abbildung 1: Fahrleistungen der Fahrzeuge

Von Herrn Rahn, dem Leiter der Abteilung Rechnungswesen, erfährt sie außerdem, daß für die drei Firmenwagen eine Doppelgarage zur Verfügung steht, in der regelmäßig der Porsche und der Jaguar parken. Diese beiden Fahrzeuge werden auch privat von den beiden Chefs genutzt. Er wisse aber nicht genau, wie viele Personen sonst noch diese Autos nutzen. Nur soviel stehe fest, der Saab wird einzig und allein von Herrn Volkerts, dem Außendienst-Ass, gefahren.

---

* alle Prämien gültig bei Drucklegung

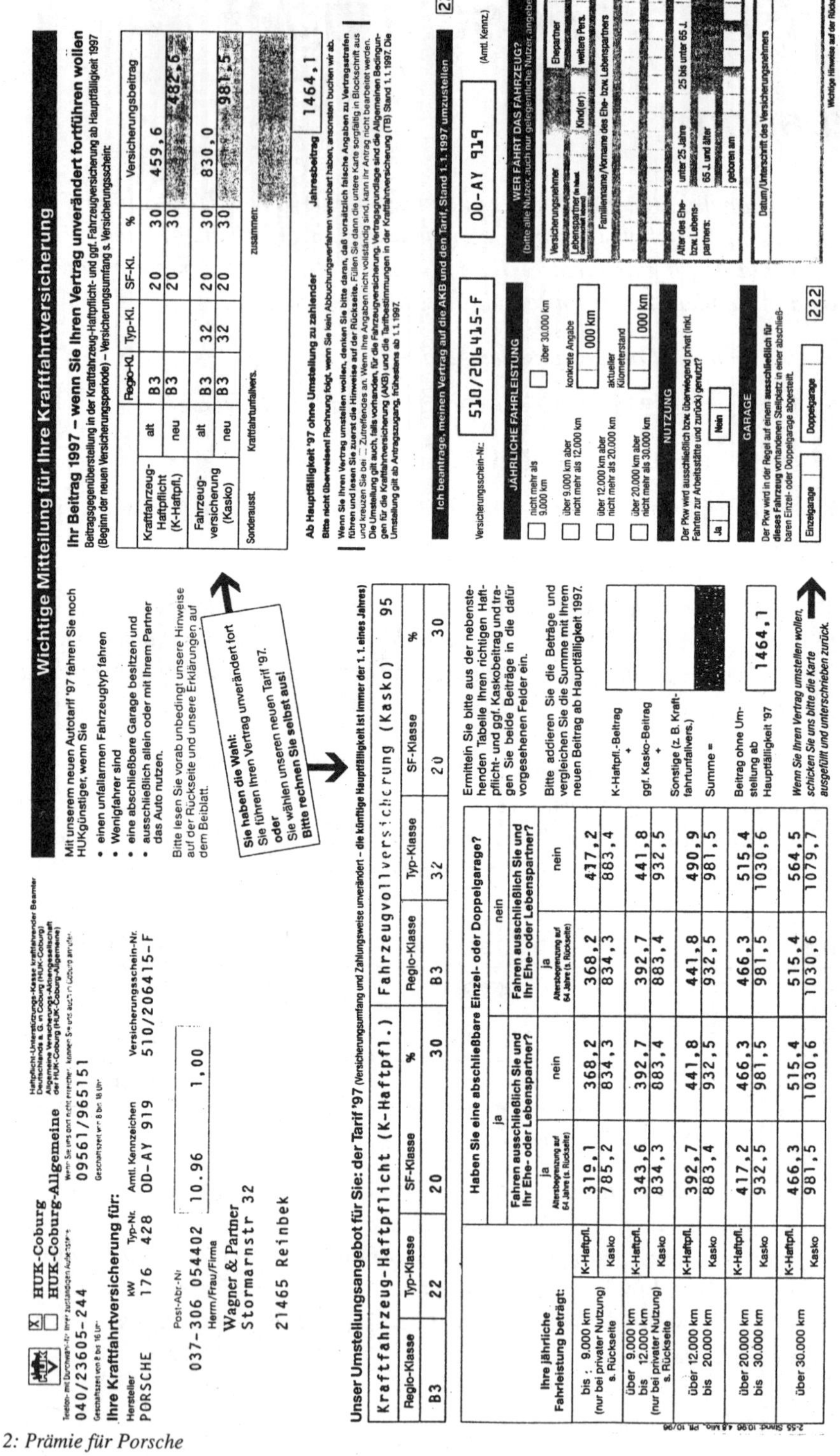

HUK-Coburg [X]
HUK-Coburg-Allgemeine [ ]

Haftpflicht-Unterstützungs-Kasse kraftfahrender Beamter Deutschlands a. G. in Coburg (HUK-Coburg)
Allgemeine Versicherungs-Aktiengesellschaft der HUK-Coburg (HUK-Coburg-Allgemeine)

Telefon- mit Durchwahl- für Ihrer zuständigen Außenstelle
040/23605-244
Geschäftszeit von 8 bis 16 Uhr

Wenn Sie uns dort nicht erreichen, können Sie uns auch in Coburg anrufen:
09561/965151
Geschäftszeit von 8 bis 18 Uhr

Ihre Kraftfahrtversicherung für:

Hersteller	kW	Typ-Nr.	Amtl. Kennzeichen	Versicherungsschein-Nr.
PORSCHE	176	428	OD-AY 919	510/206415-F

Post-Abr.-Nr.
037-306 054402 10.96 1,00

Herrn/Frau/Firma
Wagner & Partner
Stormarnstr 32

21465 Reinbek

Wichtige Mitteilung für Ihre Kraftfahrtversicherung

Mit unserem neuen Autotarif '97 fahren Sie noch HUKgünstiger, wenn Sie

- einen unfallarmen Fahrzeugtyp fahren
- Wenigfahrer sind
- eine abschließbare Garage besitzen und
- ausschließlich allein oder mit Ihrem Partner das Auto nutzen.

Bitte lesen Sie vorab unbedingt unsere Hinweise auf der Rückseite und unsere Erklärungen auf dem Beiblatt.

Sie haben die Wahl:
Sie führen Ihren Vertrag unverändert fort
oder
Sie wählen unseren neuen Tarif '97.
Bitte rechnen Sie selbst aus!

Ihr Beitrag 1997 – wenn Sie Ihren Vertrag unverändert fortführen wollen
Beitragsgegenüberstellung in der Kraftfahrzeug-Haftpflicht- und ggf. Fahrzeugversicherung ab Hauptfälligkeit 1997 (Beginn der neuen Versicherungsperiode) – Versicherungsumfang s. Versicherungsschein:

		Regio-Kl.	Typ-Kl.	SF-Kl.	%	Versicherungsbeitrag
Kraftfahrzeug-Haftpflicht (K-Haftpfl.)	alt	B3		20	30	459,6
	neu	B3		20	30	482,6
Fahrzeug-versicherung (Kasko)	alt	B3	32	20	30	830,0
	neu	B3	32	20	30	981,5
Sonderausst.	Kraftfahrtunfallvers.			zusammen:		

Ab Hauptfälligkeit '97 ohne Umstellung zu zahlender Jahresbeitrag 1464,1

Bitte nicht überweisen! Rechnung folgt, wenn Sie kein Abbuchungsverfahren vereinbart haben, ansonsten buchen wir ab.

Wenn Sie Ihren Vertrag umstellen wollen, denken Sie bitte daran, daß vorsätzlich falsche Angaben zu Vertragsstrafen führen und lesen Sie zuerst die Hinweise auf der Rückseite. Füllen Sie dann die untere Karte sorgfältig in Blockschrift aus und kreuzen Sie bei ☐ Zutreffendes an. Wenn Ihre Angaben nicht vollständig sind, kann Ihr Antrag nicht bearbeitet werden. Die Umstellung gilt auch, falls vorhanden, für die Fahrzeugversicherung. Vertragsgrundlage sind die Allgemeinen Bedingungen für die Kraftfahrtversicherung (AKB) und die Tarifbestimmungen in der Kraftfahrtversicherung (TB) Stand 1.1.1997. Die Umstellung gilt ab Antragszugang, frühestens ab 1.1.1997.

Unser Umstellungsangebot für Sie: der Tarif '97 (Versicherungsumfang und Zahlungsweise unverändert – **die künftige Hauptfälligkeit ist immer der 1. 1. eines Jahres**)

Kraftfahrzeug-Haftpflicht (K-Haftpfl.)				Fahrzeugvollversicherung (Kasko) 95			
Regio-Klasse	Typ-Klasse	SF-Klasse	%	Regio-Klasse	Typ-Klasse	SF-Klasse	%
B3	22	20	30	B3	32	20	30

Ihre jährliche Fahrleistung beträgt:		Garage ja: Fahren ausschließlich Sie und Ihr Ehe- oder Lebenspartner? ja (Altersbegrenzung auf 64 Jahre (s. Rückseite))	Garage ja: nein	Garage nein: Fahren ausschließlich Sie und Ihr Ehe- oder Lebenspartner? ja (Altersbegrenzung auf 64 Jahre (s. Rückseite))	Garage nein: nein
bis 9.000 km (nur bei privater Nutzung) s. Rückseite	K-Haftpfl.	319,1	368,2	368,2	417,2
	Kasko	785,2	834,3	834,3	883,4
über 9.000 km bis 12.000 km (nur bei privater Nutzung) s. Rückseite	K-Haftpfl.	343,6	392,7	392,7	441,8
	Kasko	834,3	883,4	883,4	932,5
über 12.000 km bis 20.000 km	K-Haftpfl.	392,7	441,8	441,8	490,9
	Kasko	883,4	932,5	932,5	981,5
über 20.000 km bis 30.000 km	K-Haftpfl.	417,2	466,3	466,3	515,4
	Kasko	932,5	981,5	981,5	1030,6
über 30.000 km	K-Haftpfl.	466,3	515,4	515,4	564,5
	Kasko	981,5	1030,6	1030,6	1079,7

(Haben Sie eine abschließbare Einzel- oder Doppelgarage?)

Ermitteln Sie bitte aus der nebenstehenden Tabelle Ihren richtigen Haftpflicht- und ggf. Kaskobeitrag und tragen Sie beide Beiträge in die dafür vorgesehenen Felder ein.

Bitte addieren Sie die Beträge und vergleichen Sie die Summe mit Ihrem neuen Beitrag ab Hauptfälligkeit 1997.

K-Haftpfl.-Beitrag
+
ggf. Kasko-Beitrag
+
Sonstige (z. B. Kraftfahrtunfallvers.)
Summe =

Beitrag ohne Umstellung ab Hauptfälligkeit '97 1464,1

Wenn Sie Ihren Vertrag umstellen wollen, schicken Sie uns bitte die Karte ausgefüllt und unterschrieben zurück.

Ich beantrage, meinen Vertrag auf die AKB und den Tarif, Stand 1. 1. 1997 umzustellen 222

Versicherungsschein-Nr.: 510/206415-F OD-AY 919 (Amtl. Kennz.)

JÄHRLICHE FAHRLEISTUNG
☐ nicht mehr als 9.000 km
☐ über 9.000 km aber nicht mehr als 12.000 km
☐ über 12.000 km aber nicht mehr als 20.000 km
☐ über 20.000 km aber nicht mehr als 30.000 km
☐ über 30.000 km
konkrete Angabe 000 km
aktueller Kilometerstand 000 km

NUTZUNG
Der Pkw wird ausschließlich bzw. überwiegend privat (inkl. Fahrten zur Arbeitsstätte und zurück) genutzt?
Ja Nein

GARAGE
Der Pkw wird in der Regel auf einem **ausschließlich für dieses Fahrzeug** vorhandenen Stellplatz in einer abschließbaren Einzel- oder Doppelgarage abgestellt.
Einzelgarage Doppelgarage 222

WER FÄHRT DAS FAHRZEUG?
(bitte alle Nutzer, auch nur gelegentliche Nutzer, angeben)
Versicherungsnehmer | Ehepartner
Lebenspartner (in häusl. Gemeinschaft lebend) | Kind(er) | weitere Pers.
Familienname/Vorname des Ehe- bzw. Lebenspartners
Alter des Ehe- bzw. Lebenspartners: unter 25 Jahre | 25 bis unter 65 J. | 65 J. und älter | geboren am

Datum/Unterschrift des Versicherungsnehmers

Wichtige Hinweise auf der Rückseite!

2-55 Stand: 10.96 4,8 Mio. PR 10/96

Abb. 2: Prämie für Porsche

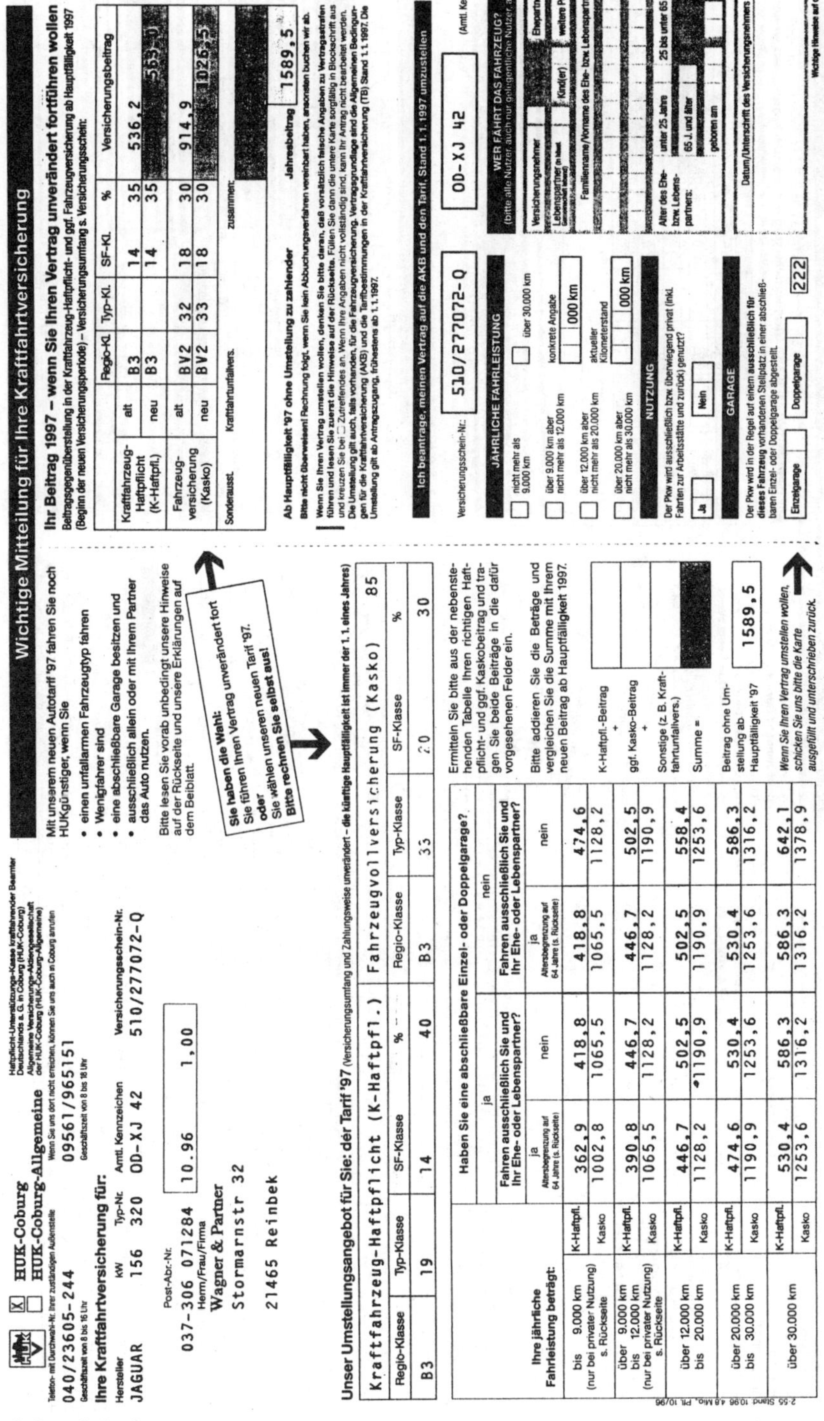

HUK-Coburg [X]
HUK-Coburg-Allgemeine [ ]

Haftpflicht-Unterstützungs-Kasse kraftfahrender Beamter Deutschlands a. G. in Coburg (HUK-Coburg)
Allgemeine Versicherungs-Aktiengesellschaft der HUK-Coburg (HUK-Coburg-Allgemeine)

Telefon- mit Durchwahl-Nr. Ihrer zuständigen Außenstelle: 040/23605-244 — Geschäftszeit von 8 bis 16 Uhr
Wenn Sie uns dort nicht erreichen, können Sie uns auch in Coburg anrufen: 09561/965151 — Geschäftszeit von 8 bis 18 Uhr

Ihre Kraftfahrtversicherung für:

Hersteller	kW	Typ-Nr.	Amtl. Kennzeichen	Versicherungsschein-Nr.
JAGUAR	156	320	OD-XJ 42	510/277072-Q

Post-Abr.-Nr. 037-306 071284 | 10.96 | 1,00

Herrn/Frau/Firma
Wagner & Partner
Stormarnstr 32
21465 Reinbek

Wichtige Mitteilung für Ihre Kraftfahrtversicherung

Mit unserem neuen Autotarif '97 fahren Sie noch HUKgünstiger, wenn Sie

- einen unfallarmen Fahrzeugtyp fahren
- Wenigfahrer sind
- eine abschließbare Garage besitzen und
- ausschließlich allein oder mit Ihrem Partner das Auto nutzen.

Bitte lesen Sie vorab unbedingt unsere Hinweise auf der Rückseite und unsere Erklärungen auf dem Beiblatt.

Sie haben die Wahl: Sie führen Ihren Vertrag unverändert fort **oder** Sie wählen unseren neuen Tarif '97. **Bitte rechnen Sie selbst aus!**

Ihr Beitrag 1997 – wenn Sie Ihren Vertrag unverändert fortführen wollen
Beitragsgegenüberstellung in der Kraftfahrzeug-Haftpflicht- und ggf. Fahrzeugversicherung ab Hauptfälligkeit 1997 (Beginn der neuen Versicherungsperiode) – Versicherungsumfang s. Versicherungsschein:

		Regio-Kl.	Typ-Kl.	SF-Kl.	%	Versicherungsbeitrag
Kraftfahrzeug-Haftpflicht (K-Haftpfl.)	alt	B3		14	35	536,2
	neu	B3		14	35	563,0
Fahrzeug-versicherung (Kasko)	alt	BV2	32	18	30	914,9
	neu	BV2	33	18	30	1026,5
Sonderausst.	Kraftfahrtunfallvers.				zusammen:	

Ab Hauptfälligkeit '97 ohne Umstellung zu zahlender Jahresbeitrag 1589,5

Bitte nicht überweisen! Rechnung folgt, wenn Sie kein Abbuchungsverfahren vereinbart haben, ansonsten buchen wir ab.

Wenn Sie Ihren Vertrag umstellen wollen, denken Sie bitte daran, daß vorsätzlich falsche Angaben zu Vertragsstrafen führen und lesen Sie zuerst die Hinweise auf der Rückseite. Füllen Sie dann die untere Karte sorgfältig in Blockschrift aus und kreuzen Sie bei ☐ Zutreffendes an. Wenn Ihre Angaben nicht vollständig sind, kann Ihr Antrag nicht bearbeitet werden. Die Umstellung gilt auch, falls vorhanden, für die Fahrzeugversicherung. Vertragsgrundlage sind die Allgemeinen Bedingungen für die Kraftfahrtversicherung (AKB) und die Tarifbestimmungen in der Kraftfahrtversicherung (TB) Stand 1.1.1997. Die Umstellung gilt ab Antragszugang, frühestens ab 1.1.1997.

Unser Umstellungsangebot für Sie: der Tarif '97 (Versicherungsumfang und Zahlungsweise unverändert – **die künftige Hauptfälligkeit ist immer der 1. 1. eines Jahres**)

Kraftfahrzeug-Haftpflicht (K-Haftpfl.)				Fahrzeugvollversicherung (Kasko) 85			
Regio-Klasse	Typ-Klasse	SF-Klasse	%	Regio-Klasse	Typ-Klasse	SF-Klasse	%
B3	19	14	40	B3	33	20	30

Ihre jährliche Fahrleistung beträgt:		Garage ja: Fahren ausschließlich Sie und Ihr Ehe- oder Lebenspartner? ja (Altersbegrenzung auf 64 Jahre (s. Rückseite))	Garage ja: … nein	Garage nein: Fahren ausschließlich Sie und Ihr Ehe- oder Lebenspartner? ja (Altersbegrenzung auf 64 Jahre (s. Rückseite))	Garage nein: … nein
bis 9.000 km (nur bei privater Nutzung) s. Rückseite	K-Haftpfl.	362,9	418,8	418,8	474,6
	Kasko	1002,8	1065,5	1065,5	1128,2
über 9.000 km bis 12.000 km (nur bei privater Nutzung) s. Rückseite	K-Haftpfl.	390,8	446,7	446,7	502,5
	Kasko	1065,5	1128,2	1128,2	1190,9
über 12.000 km bis 20.000 km	K-Haftpfl.	446,7	502,5	502,5	558,4
	Kasko	1128,2	1190,9	1190,9	1253,6
über 20.000 km bis 30.000 km	K-Haftpfl.	474,6	530,4	530,4	586,3
	Kasko	1190,9	1253,6	1253,6	1316,2
über 30.000 km	K-Haftpfl.	530,4	586,3	586,3	642,1
	Kasko	1253,6	1316,2	1316,2	1378,9

(Haben Sie eine abschließbare Einzel- oder Doppelgarage?)

Ermitteln Sie bitte aus der nebenstehenden Tabelle Ihren richtigen Haftpflicht- und ggf. Kaskobeitrag und tragen Sie beide Beiträge in die dafür vorgesehenen Felder ein.

Bitte addieren Sie die Beträge und vergleichen Sie die Summe mit Ihrem neuen Beitrag ab Hauptfälligkeit 1997.

K-Haftpfl.-Beitrag
\+ ggf. Kasko-Beitrag
\+ Sonstige (z. B. Kraftfahrtunfallvers.)
Summe =

Beitrag ohne Umstellung ab Hauptfälligkeit '97: 1589,5

Wenn Sie Ihren Vertrag umstellen wollen, schicken Sie uns bitte die Karte ausgefüllt und unterschrieben zurück.

2-55 Stand 10.96 4,8 Mio. Pfl. 10/96

Ich beantrage, meinen Vertrag auf die AKB und den Tarif, Stand 1. 1. 1997 umzustellen 222

Versicherungsschein-Nr.: 510/277072-Q — OD-XJ 42 (Amtl. Kennz.)

JÄHRLICHE FAHRLEISTUNG
☐ nicht mehr als 9.000 km
☐ über 9.000 km aber nicht mehr als 12.000 km
☐ über 12.000 km aber nicht mehr als 20.000 km
☐ über 20.000 km aber nicht mehr als 30.000 km
☐ über 30.000 km
konkrete Angabe … 000 km
aktueller Kilometerstand … 000 km

NUTZUNG
Der Pkw wird ausschließlich bzw. überwiegend privat (inkl. Fahrten zur Arbeitsstätte und zurück) genutzt? Ja ☐ Nein ☐

GARAGE
Der Pkw wird in der Regel auf einem **ausschließlich für dieses Fahrzeug** vorhandenen Stellplatz in einer abschließbaren Einzel- oder Doppelgarage abgestellt.
Einzelgarage ☐ Doppelgarage ☐ 222

WER FÄHRT DAS FAHRZEUG?
(bitte alle Nutzer, auch nur gelegentliche Nutzer, angeben)
Versicherungsnehmer — Ehepartner
Lebenspartner (in häusl. Gemeinschaft lebend) — Kind(er) — weitere Pers.
Familienname/Vorname des Ehe- bzw. Lebenspartners
Alter des Ehe- bzw. Lebenspartners: unter 25 Jahre — 25 bis unter 65 J. — 65 J. und älter — geboren am

Datum/Unterschrift des Versicherungsnehmers

Wichtige Hinweise auf der Rückseite!

Abb. 3: Prämie für Jaguar

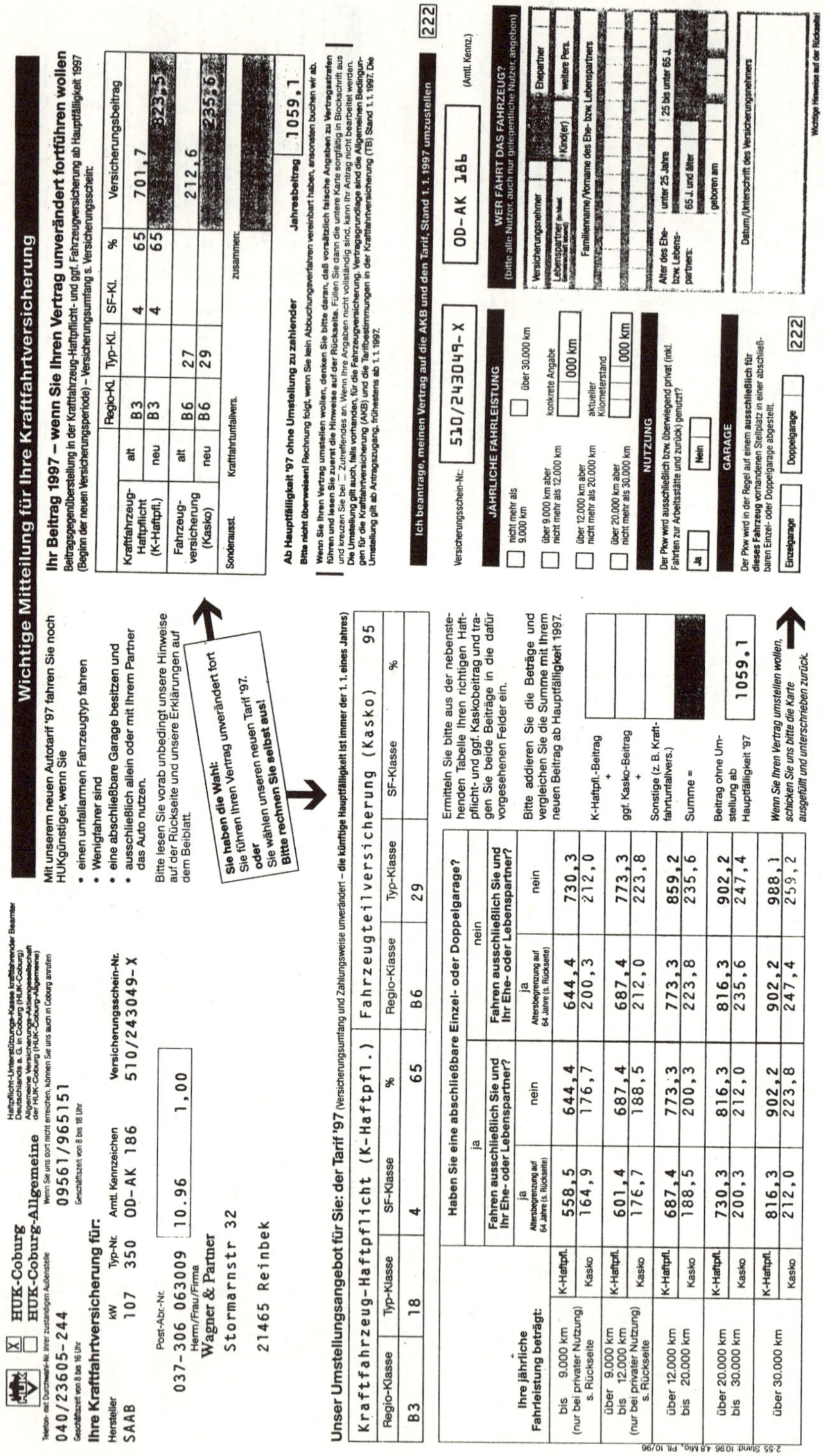

Abb. 4: Prämie für Saab

Im Prämiendschungel

Aufgaben

1. Erstellen Sie eine Tabelle aus der pro Fahrzeug und insgesamt für alle Wagen ersichtlich wird, wie hoch bisher die Kfz-Prämien waren und wie hoch absolut und relativ die Prämienänderungen sind.
2. Ermitteln Sie die relevanten Prämien, wenn eine Umstellung der Versicherungspolicen in Frage kommt.
3. Treffen Sie eine Entscheidung, ob bzw. bei welchen Fahrzeugen eine Umstellung der Versicherung angebracht erscheint.

Situation 2

Bärbel hat ihre Arbeit erledigt. Herr Wagner ist im Grunde damit sehr zufrieden. Mit einem leichten Stirnrunzeln gibt er aber dennoch zu bedenken: "Ich glaube nicht, daß Sie dieselben Fahrleistungen wie im letzten Jahr ansetzen können. Gehen Sie mal davon aus, daß höchstwahrscheinlich 20% mehr mit dem Porsche gefahren wird. Den Jaguar werde ich gut und gern 1.000 km weniger nutzen. Herr Volkerts muß dagegen öfter auf der Straße sein. Der Saab wird bestimmt am Jahresende zusätzliche 4.000 km auf dem Buckel haben." Herr Wagner lächelt Bärbel an: "Tut mir leid, daß ich Ihnen das nicht gleich gesagt habe. Aber für Sie ist das ja ein Klacks, die neuen Daten einzuarbeiten. Danke, Frau Kleinschmitt. Sie können dann auch gleich der Versicherung entsprechend schreiben."

Im Herausgehen erfährt Bärbel noch, daß ein Teil der Garage zukünftig als provisorisches Lager genutzt werden soll, so daß der Porsche auf dem Hof geparkt werden muß.

Aufgaben

4. Wie würde die Entscheidung hinsichtlich des Umstellungsangebotes unter Berücksichtigung der geänderten Fahrleistungen für jeden Wagen jetzt aussehen?
5. Um wieviel Prozent könnten die Prämien im Vergleich zum Vorjahr gesenkt werden?
6. Formulieren Sie ein Schreiben an die HUK-Coburg Versicherung, Bahnhofsplatz, 96445 Coburg, in dem Sie darlegen, wie in Zukunft die Firmenwagen zu versichern sind.

15 % – Einer kassiert immer

Situation 1

Bettina Fischer hat nach ihrer Ausbildung zur Bürokauffrau bei der Firma Kunz eine neue Beschäftigung gefunden. In dem kleinen Betrieb, der erst seit Anfang des Jahres besteht, soll sie die Umsatzsteuer-Voranmeldung für das 1. Quartal erstellen. Von ihrem Chef erhält sie zwei Ordner und ein Formular (siehe Abb. 1) des Finanzamtes mit der höflichen Aufforderung in die Hand gedrückt: „Dann machen Sie mal, Frau Fischer. Wenn Sie Fragen haben, Sie wissen ja, wo Sie mich finden."

In dem Kunden-Ordner sind die Ausgangsrechnungen, in dem anderen Ordner sind die Belege der Betriebsausgaben. Zu Bettinas Erleichterung hat Herr Kunz bereits je eine Liste pro Ordner angefertigt. Sie soll nun diese Listen vervollständigen (siehe Abb. 2 und Abb. 3).

Bettina entschließt sich zur Ermittlung der Umsatzsteuer-Zahllast den PC zu benutzen. Mit Hilfe des Tabellenkalkulationsprogramms MS-EXCEL macht sie sich an die Arbeit.

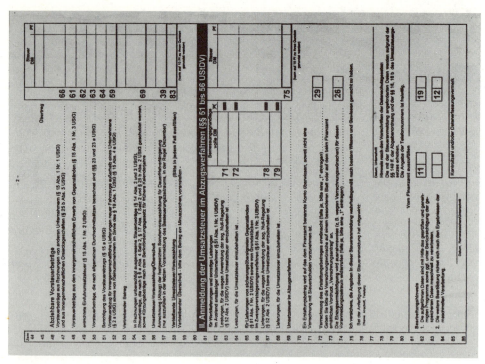
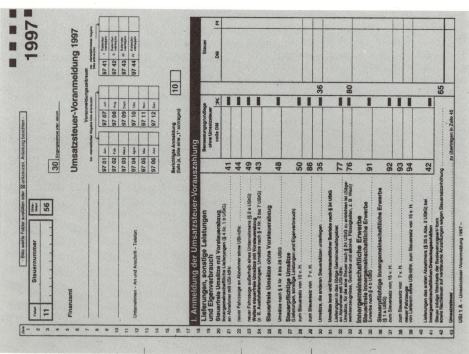

Abb. 1: USt.-Voranmeldungsformular (Vorder- und Rückseite)

Beleg	Vorgang	Netto-Betrag	VSt 15%	Brutto-Betrag
Shell	Tanken			124,00 DM
Yamato	Bewirtungen			189,00 DM
Deutsche Post AG	Briefmarken	50,00 DM	0,00 DM	50,00 DM
Gärtner	Büromöbel	432,97 DM	64,95 DM	497,92 DM
Specht	Wareneinkauf	6.700,00 DM	1.005,00 DM	7.705,00 DM
Systematics	Reparatur PC	337,39 DM	50,61 DM	388,00 DM
Telekom	Telefongebühren			156,10 DM
Bruhns-Reisen	Fahrkarten	280,00 DM	0,00 DM	280,00 DM
Mühlmann	Büromaterial			96,00 DM
Esso	Tanken			132,00 DM
Prediger	Schreibtischlampe	573,91 DM	86,09 DM	660,00 DM
Neun	Wareneinkauf	5.460,00 DM	819,00 DM	6.279,00 DM
Küchler	Miete	1.660,00 DM	0,00 DM	1.660,00 DM
Elf	Tanken			95,00 DM
China-Palast	Bewirtungen			98,00 DM
Deutsche Post AG	Briefmarken	40,00 DM	0,00 DM	40,00 DM
Telekom	Telefongebühren			139,15 DM
Esso	Tanken			89,00 DM
Mancino	Reparatur KFZ	1.280,00 DM	192,00 DM	1.472,00 DM
Mühlmann	Büromaterial			38,00 DM
Bittmann	Wareneinkauf	6.900,00 DM	1.035,00 DM	7.935,00 DM
Esso	Tanken			132,00 DM
Küchler	Miete	1.660,00 DM	0,00 DM	1.660,00 DM
Siebert	Wareneinkauf	7.500,00 DM	1.125,00 DM	8.625,00 DM
Shell	Tanken			124,00 DM
HEW	Strom	240,87 DM	36,13 DM	277,00 DM
Dresdner Bank	Gebühren	36,00 DM	0,00 DM	36,00 DM
Systematics	PC-Zubehör			198,00 DM
Telekom	Telefongebühren			115,00 DM
Bruhns-Reisen	Fahrkarten	280,00 DM	0,00 DM	280,00 DM
Schacht+Westrich	Büromaterial			45,00 DM
Esso	Tanken			132,00 DM
Küchler	Miete	1.660,00 DM	0,00 DM	1.660,00 DM

Abb. 2: Liste Betriebsausgaben

Rg.-Nr.	Vorgang	Netto-Betrag	USt 15 %	Brutto-Betrag
1	Umsatzerlöse	3.450,00 DM		
2	Umsatzerlöse	4.480,00 DM		
3	Umsatzerlöse	540,00 DM		
4	Umsatzerlöse	2.390,00 DM		
5	Umsatzerlöse	475,00 DM		
6	Umsatzerlöse	998,00 DM		
7	Umsatzerlöse	5.888,00 DM		
8	Umsatzerlöse	66,00 DM		
9	Umsatzerlöse	2.123,00 DM		
10	Umsatzerlöse	789,00 DM		
11	Umsatzerlöse	3.456,00 DM		
12	Umsatzerlöse	223,00 DM		
13	Umsatzerlöse	789,00 DM		
14	Umsatzerlöse	4.954,00 DM		
15	Umsatzerlöse	4.520,00 DM		
16	Umsatzerlöse	4.345,00 DM		
17	Umsatzerlöse	1.890,00 DM		
18	Umsatzerlöse	568,00 DM		
19	Umsatzerlöse	6.789,00 DM		
20	Umsatzerlöse	168,00 DM		
21	Umsatzerlöse	5.256,00 DM		
22	Umsatzerlöse	2.789,00 DM		
23	Umsatzerlöse	1.953,00 DM		
24	Umsatzerlöse	8.834,00 DM		
25	Umsatzerlöse	1.098,00 DM		
26	Umsatzerlöse	3.398,00 DM		
27	Umsatzerlöse	123,00 DM		
28	Umsatzerlöse	4.568,00 DM		
29	Umsatzerlöse	377,00 DM		

Abb. 3: Liste Betriebseinnahmen

Aufgaben

1. Ermitteln Sie mit Hilfe von MS-EXCEL die Vorsteuer und die Umsatzsteuer.
2. Tragen Sie die entsprechenden Werte in das Formular der Umsatzsteuer-Voranmeldung ein und ermitteln Sie die Umsatzsteuer-Zahllast für das 1. Quartal.
3. Wie ist der Sachverhalt auf den beiden abgebildeten T-Konten Vorsteuer und Umsatzsteuer darzustellen?

S	Vorsteuer	H	S	Umsatzsteuer	H
Summe				Summe	

4. Wie müßte am Jahresende gebucht werden, wenn diese Umsatzsteuer-Voranmeldung das 4. Quartal betreffen würde?

Situation 2

Bettina hat ihre Arbeit zur vollen Zufriedenheit von Herrn Kunz erledigt. Tage später kommt er mit einem Prospekt eines exklusiven Automobilherstellers in der Hand auf Bettina zu. „Könnten Sie irgendwie herausbekommen, wieviel Umsatzsteuer für die Privatnutzung des neuen Firmenwagens monatlich zu entrichten sind? Die von mir gewünschte Sonderausstattung hat der Autoverkäufer in der Preisliste angekreuzt." (siehe Abb. 4).

Herr Kunz überreicht Bettina die Unterlagen und verabschiedet sich mit den Worten: „Übrigens, ein Fahrtenbuch will ich aber keinesfalls führen." Bettina weiß, daß seit Anfang 1996 eine neue Regelung für die Besteuerung von Firmenwagen gilt. Genaue Einzelheiten der neuen Gesetzgebung sind ihr jedoch entfallen. Deshalb ruft sie ihren Freund Stefan an, der gerade eine Ausbildung zum Steuerfachangestellten absolviert. Stefan verspricht, zu helfen. Er schickt ein Fax (siehe Abb. 5).

Der Boxster			Grundpreis DM 76.500,— (einschl. 15% MwSt.)
Karosserie- Außenausstattungen	Bestell-Nr. (M-Nr.)	Nicht in Verb. mit M-Nr.	Unverb. Preisempf. in DM **einschließlich 15% MwSt** ausschließlich 15% MwSt
Metallic-Lackierung **X**			**1.480,—** 1.286,96
Sonderfarbe			**4.150,—** 3.608,70
Individualfarbe			**5.950,—** 5.173,91
Außenspiegel, Fahrerseite, planes Glas	270		— —
Außenspiegel Fahrer- u. Beifahrerseite, elektr. verstell- und beheizbar	273		**290,—** 252,17
Scheinwerfer-Reinigungsanlage	288		**390,—** 339,13
17"-Räder, Boxster-Design, einschl. diebstahlsichernde Radschrauben	396	P 38	**1.950,—** 1.695,65
Radnabenabdeckungen, Porsche Wappen farbig	446		**270,—** 234,78
ohne Modelbezeichnung	498		— —
Dachtransportsystem	549		**690,—** 600,—
Hardtop (in Wagenfarbe) einschließlich Heckscheibenheizung **X**	550		**3.900,—** 3.391,30
Windschott, einschließlich Ablagefach im Beifahrerfußraum und Ablagetasche	551		**590,—** 513,04
Grünkeil in Frontscheibe	567		**180,—** 156,52
Karosserie-Innenausstattungen			
Ledersitze links + rechts			**3.300,—** 2.869,57
Lederausstattung			**4.950,—** 4.304,35
Sonderlederausstattung			**5.580,—** 4.852,17
In jedem Falle sind Lenkrad, Schalthebel, Handbremshebelgriff und Türzuziehgriff in Leder schwarz. Wenden Sie sich bei Sonderwünschen an „Exclusiv".			
Sitzheizung links + rechts	P14		**690,—** 600,—
Automatische Geschwindigkeitsregelung	454		**790,—** 686,96
Diebstahlsicherung einschließlich Innenraum- überwachung und Funkfernbedienung **X**	534		**890,—** 773,91
Aktivkohlefilter für Innenraum	571		**690,—** 600,—
Automatische Klimaanlage	573		**3.450,—** 3.000,—
Nichtraucher Paket	580		—
Mittelkonsole	581		**490,—** 426,09
Bordcomputer	659		**490,—** 426,09

Abb. 4: Preisliste des Automobilherstellers

15 % – Einer kassiert immer

FAX-Mitteilung

Fa. Kunz
Daimlerstr. 12

21465 Reinbek

Liebe Tina,

hier der erwähnte Artikel*. Achte bei der Berechnung der Umsatzsteuer darauf, daß sie um **20% gekürzt** werden kann. Das liegt darin begründet, daß bei einem Teil der jährlichen KFZ-Kosten – wie z.B. der Versicherung – keine Umsatzsteuer enthalten ist. Wenn Du Fragen hast, ruf gern zurück.

Wir sehen uns!

Stefan

II. Bewertung der privaten Pkw-Nutzung

Der Unternehmer hat nach § 6 Abs. 1 Nr. 4 Satz 2 und 3 EStG ein **Wahlrecht**:

(1) Die private Nutzung kann mit den auf die Privatfahrten entfallenden Aufwendungen angesetzt werden, wenn die für das Kfz **insgesamt** entstandenen **Aufwendungen** durch **Belege** und das **Verhältnis der privaten zu den übrigen Fahrten** durch ein **ordnungsgemäßes Fahrtenbuch** nachgewiesen werden.

(2) Führt der Steuerpflichtige kein ordungsgemäßes Fahrtenbuch, ist die private Nutzung eines Kfz für jeden **Kalendermonat mit 1% des Listenpreises** im Zeitpunkt der Erstzulassung zuzüglich der Kosten der Sonderausstattungen einschließlich der USt anzusetzen.-

* aus: J. Schneider: Das Jahressteuergesetz 1996
Quelle: Die Steuerfachgehilfen 12/95

Abb. 5: FAX

Lösungen

Telly, bitte melden!

1.

	Telly	Telly Eco	ProTel	ProTel Eco
Anschlußpreis	49,00 DM	49,00 DM	49,00 DM	98,00 DM
Monatliche Grundgebühr	49,00 DM	29,00 DM	69,00 DM	69,00 DM
Mindestumsatz				
Inlandsgespräche				
Hauptzeit	1,89 DM	1,89 DM	1,38 DM	1,14 DM
Nebenzeit	0,39 DM	0,39 DM	0,56 DM	0,56 DM
Happy Hour	0,99 DM	0,99 DM		
Intern im Netz				
Hauptzeit	0,69 DM	0,69 DM	0,69 DM	0,69 DM
Nebenzeit	0,39 DM	0,39 DM	0,39 DM	0,39 DM
Verkehrszeiten				
Hauptzeit	07:00 - 17:00	07:00 - 17:00	07:00 - 20:00	07:00 - 20:00
Nebenzeit	20:00 - 07:00	20:00 - 07:00	20:00 - 07:00	20:00 - 07:00
Happy Hour	17:00 - 20:00	17:00 - 20:00		
Vertragslaufzeiten	12 Monate	24 Monate	12 Monate	24 Monate
Taktzeiten	10 Sekunden	10 Sekunden	10 Sekunden	10 Sekunden
Deaktivierungspreis	0,00 DM	0,00 DM	0,00 DM	0,00 DM

2. Die Tarife sind zum einen vom Anschlußpreis, der monatlichen Grundgebühr und einem Deaktivierungspreis abhängig. Diese fixen Kosten werden ergänzt durch semivariable Kosten — wie Mindestumsätze und lange Taktzeiten bei den Einheiten — und durch die variablen Kosten. Das sind hier die Gebühreneinheiten während der Haupt- und Nebenzeit.

3. Kristina müßte wissen, zu welchen Zeiten hauptsächlich gesprochen wird. Desweiteren benötigt sie Informationen, ob häufig Kurzgespräche (wegen der Taktzeiten) geführt werden und ob vielleicht viel innerhalb des Netzes telefoniert wird. Von Bedeutung kann auch die geplante Laufzeit des Vertrages sein. Beim Einsatz von mehreren Handys können außerdem Rabatte — so z.B. bei D2 bis zu 25% — eine entscheidende Rolle spielen.

4. Gesamtkosten = Variable Kosten + Fixkosten

$$K = K_V + K_F$$

Gesamtkosten = (variable Stückkosten · Stückzahl) + Fixkosten

$$K = k_v \cdot x + K_F$$

5.

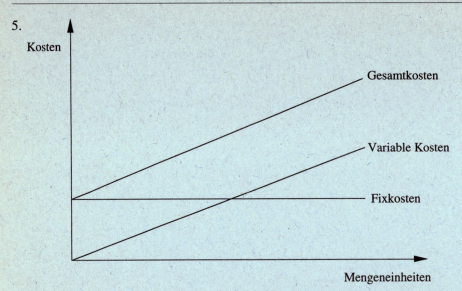

6.

D2	Classic	Classic 24
Anschlußpreis	49,90 DM	99,00 DM
Deaktivierungspreis	0,00 DM	69,00 DM
Summe 12/24 Monate	49,90 DM	168,00 DM
Anteilig pro Monat	4,16 DM	7,00 DM
Grundgebühr	78,20 DM	69,95 DM
Fixkosten	82,36 DM	76,95 DM
Variable Stückkosten	1,29 DM	0,99 DM

Kostenfunktionen:

Classic: $\quad K = 1{,}29x + 82{,}36$
Classic 24: $\quad K = 0{,}99x + 76{,}95$

7. **Kostenfunktionen:**

Partner: $\quad K_{pa} = 1{,}64x + 44$
Profi: $\quad K_{pr} = 1{,}19x + 59$

$$\begin{aligned} K_{pa} &= K_{pr} \\ 1{,}64x + 44 &= 1{,}19x + 59 \\ 0{,}45x &= 15 \\ x &= 33{,}33 \end{aligned}$$

Bis zu 33 Einheiten (= 200 Sekunden = 3 Minuten und 20 Sekunden) im Monat ist der Partner-Tarif günstiger, ab 34 der Profi-Tarif.

Lösungen 103

8. **Kostenfunktionen:**

Telly Eco: $K_{te} = 1{,}89x + 29$
ProTelEco: $K_{pt} = 1{,}14x + 69$

$$K_{te} = K_{pt}$$

$$1{,}89x + 29 = 1{,}14x + 69$$
$$0{,}75x = 40$$
$$x = 53{,}33$$

$1{,}89 \cdot 53{,}33 + 29 = 129{,}80$
$1{,}14 \cdot 53{,}33 + 69 = 129{,}80$

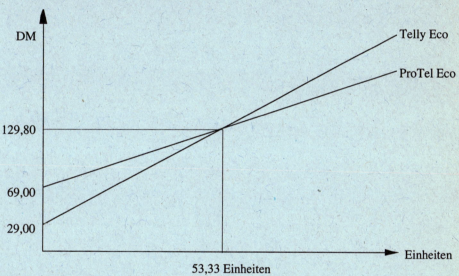

9. a)

Tarifvergleich 1. Jahr		D1		D2		E-Plus	
24 Monats-Verträge	Anzahl	ProTel Eco	monatlich	Classic 24	monatlich	Profi Plus	monatlich
Anschlußpreis Monatliche Grundgebühr Mindestumsatz		98,00 DM 69,00 DM	4,08 DM 69,00 DM	99,00 DM 69,95 DM 10,00 DM	4,13 DM 69,95 DM	99,00 DM 59,95 DM 10,00 DM	4,13 DM 59,95 DM
Inlandsgespräche							
Hauptzeit Nebenzeit	550 100	1,14 DM 0,56 DM	627,00 DM 56,00 DM	0,99 DM 0,56 DM	544,50 DM 56,00 DM	0,89 DM 0,59 DM	489,50 DM 59,00 DM
Intern im Netz							
Hauptzeit Nebenzeit	300 50	0,69 DM 0,39 DM	207,00 DM 19,50 DM	0,69 DM 0,39 DM	207,00 DM 19,50 DM	0,59 DM 0,29 DM	177,00 DM 14,50 DM
Summe der Kosten			982,58 DM		901,08 DM		804,08 DM

9. b)

Tarifvergleich 2. Jahr		D1		D2		E-Plus	
24 Monats-Verträge	Anzahl	ProTel Eco	monatlich	Classic 24	monatlich	Profi Plus	monatlich
Anschlußpreis Monatliche Grundgebühr Mindestumsatz		98,00 DM 69,00 DM	4,08 DM 69,00 DM	99,00 DM 69,95 DM 10,00 DM	4,13 DM 69,95 DM	99,00 DM 59,95 DM 10,00 DM	4,13 DM 59,95 DM
Inlandsgespräche							
Hauptzeit Nebenzeit	650 150	1,14 DM 0,56 DM	741,00 DM 84,00 DM	0,99 DM 0,56 DM	643,50 DM 84,00 DM	0,89 DM 0,59 DM	578,50 DM 88,50 DM
Intern im Netz							
Hauptzeit Nebenzeit	350 150	0,69 DM 0,39 DM	241,50 DM 58,50 DM	0,69 DM 0,39 DM	241,50 DM 58,50 DM	0,59 DM 0,29 DM	206,50 DM 43,50 DM
Summe der Kosten			1.198,08 DM		1.101,58 DM		981,08 DM

10. **Geschäftliche Nutzung**

Soll		Haben	
Telefonkosten	195,00 DM		
Vorsteuer	29,25 DM		
		Bank	224,25 DM

Private Nutzung

Soll		Haben	
Privatkonto	224,25 DM		
		Bank	224,25 DM

11.

Nokia-Handy	2110i/1 Jahr	2110i/2 Jahre	8110/1 Jahr	8110/2 Jahre
Monatliche Grundgebühr	49,00 DM	29,00 DM	49,00 DM	29,00 DM
Gesamte Grundgebühr Handyanschaffungskosten Anschlußpreis	588,00 DM 49,00 DM 49,00 DM	696,00 DM 199,00 DM 49,00 DM	588,00 DM 399,00 DM 49,00 DM	696,00 DM 549,00 DM 49,00 DM
Gesamte Handy-Kosten	686,00 DM	944,00 DM	1.036,00 DM	1.294,00 DM
Handy-Kosten pro Monat	57,17 DM	39,33 DM	86,33 DM	53,92 DM

12. Handys sind i. d. R. bei längerer Laufzeit des Vertrages deshalb preiswerter, weil die Grundgebühren niedriger sind. Die Anbieter wollen einen Anreiz schaffen, daß ihre Kunden langfristige Verträge abschließen.

Im Netz

1.

Server	Datenverarbeitungsanlage, die große Mengen Daten speichert und Anwendern im Netz zur Verfügung stellt.
Hardware	Alle elektronischen und mechanischen Bestandteile eines Computersystems, kurz alles was man am Computer anfassen kann.
Prozessor	Eine aus Steuer- und Rechenwerk bestehende Funktionseinheit auf einem IC (Integrated Circuit), integrierter Schaltkreis = Computerchip.
MHz	Taktfrequenz des Prozessors.
Cache	Speicherbereich bzw. Speicherchip mit besonderer Verwaltung, der die Arbeitsgeschwindigkeit des Computers erhöht.
RAM	Random Access Memory: Speicher für direkte Schreib- und Lesezugriffe, meistens ist der Hauptspeicher des Computers gemeint.
MB	Kurzform für Megabyte (MByte): Größenangabe der Speicherkapazität, 1 MByte = 1.024 KByte.
Gigabyte	Angabe für Speicherkapazität: 1 GB = 1.024 MByte.
SCSI	Small Computer System Interface: genormte Schnittstelle zur Datenübertragung zwischen Computer und Festplatten und anderen Geräten, z.B. CD-ROM-Laufwerk, Streamer, Scanner.
Schnittstelle (parallel, seriell)	Übergangsstelle zwischen den Geräten eines Systems, an denen Daten (byteweise parallel oder bitweise seriell, d.h. nacheinander) übertragen werden.
CD-ROM	Compact Disk Read Only Memory: Datenträger mit optischer Datenspeicherung, der nur gelesen und nicht verändert werden kann.
Controller	Kleiner Mikroprozessor mit verkürztem, speziellem Befehlssatz, der z.B. die Grafikkarte, die Laufwerke etc. selbständig mit Befehlen anspricht und den Prozessor damit entlastet.

VGA-Grafikkarte	Bauteil zur Verbesserung der Grafikdarstellung des Computers am Monitor, Video-Graphics-Adapter.
ISA-, eISA-, PCI-Bus	Leitungssysteme zur Informationsübertragung zwischen mehreren Geräten bzw. zwischen einzelnen Baugruppen eines PC-Systems, **P**eripheral **C**omponent **I**nterconnect-Variante ist heutiger Standard.
Backup	Kopie von Datenbeständen der Festplatte, z.B. auf Band, CD, 2. Festplatte, Wechselplatte, MO-Laufwerk.
Windows NT Server, -Client	Betriebssystem von Microsoft für Netz- und Workstations.
Pipelined Burst Mode	Hochgeschwindigkeitsübertragungsart und Chip in Computersystemen mit großer Geschwindigkeitssteigerung des gesamten Systems.
Mainboard	Auch Motherboard = Hauptplatine mit Steckplätzen für Prozessor, Grafikkarte und weitere Platinen.
Interface	Schnittstelle = Übergangs- bzw. Verbindungsstelle zwischen Bauteilen, Schaltkreisen oder Programmen, über die Daten ausgetauscht werden.
Fifo	First in - first out, meist Baustein mit besonderer Form der Stapelspeicherung, hier zur Organisation bei der Datenfernübertragung.
Pio	Parallel Input Output = integrierter Baustein (IC) für parallele Ein-/Ausgabe von Daten.
Floppy	Häufige Bezeichnung für Diskette oder Diskettenlaufwerk.
LAN-Adapter	Local Area Network = begrenzte Vernetzung von Computern, z.B. in einem Bürohaus, Adapter = Anpassungselement zur Verbindung zwischen Computern bzw. Schnittstellen.
TCP/IP	Standardprotokoll zur Datenübertragung in Netzen/Internet, Transmission Control Protocol/Internet Protocol.

Lösungen 107

2. Für den Bereich Betriebssystem, Datensicherung und Office-Anwendungen: Novell, OS/2, Linux, Lotus-Smart Suite, MS-Office Professional, Staroffice.

   Backupsysteme verschiedener Hersteller, z.B. Arcada, Hewlett-Packard, Iomega, Wangtek.

   Für den Bereich Hardware: Komponenten aller seriösen PC-Anbieter, schnellere CPUs und Speicherausbau für Server und Workstations sind empfehlenswert.

3. CD-Laufwerke in Workstations, Modems oder ISDN-Karten wenn arbeitsplatzbezogen über Telefon nach außen kommuniziert werden soll, 2 - 4 Drucker im Netz je nach Raum- und Nutzungsplan, Software für das Internet (z.B. Modemshare von Artisoft incl. Faxserving, Novell-Internet), Internet-Mail-Programme, Providerangebote.

4. Getrenntes Arbeiten an isolierten PCs wird zugunsten eines Netzes aufgehoben. Alle Anwendungen müssen nur einmal installiert werden, u. U. sind die Netzlizenzen der Programme günstiger, Verwaltungs- und Unterstützungskosten sind geringer, Qualifikation der Netzbetreuer allerdings aufwendig. Intelligente Verteilung von Zugriffsrechten (Schreiben, Lesen) auf Programme und Datenbestände ist möglich und erhöht die Datensicherheit. Kommunikationsmöglichkeiten innerhalb des Unternehmens sind erst nach entsprechender Konfiguration möglich.

5. Aufgaben: Schreiben, Rechnen, Datenbestände verwalten, Präsentieren. Kommunizieren: Office Pakete für allgemeine Büroarbeiten incl. Datenbank für Lieferer und Kunden, Lagerhaltung und Finanzbuchhaltung entweder selbst entwickeln oder KHK, PC-Kaufmann; Mail-Programme inklusive Internetanschluß, Buchhaltungsprogramme, Lohn- und Gehaltsabrechnung, Präsentationsprogramme für Schulungen und Vorträge.

6. Standardsoftware: kann in fast allen Unternehmen unabhängig von der Branche angewendet werden, z. B. Schreibprogramme, Tabellenkalkulationsprogramme, Präsentationsprogramme, Datenbanken (hier bieten sich die Office-Pakete an).

   Branchensoftware: Programme, die für eine bestimmte Branche entwickelt wurden: z.B. Kalkulationsprogramme für Angebote im Sanitärbereich, Datev-Programme für Wirtschaftsprüfer und Steuerberater, Winschool für die Schulverwaltung, Grafis für Schnittmusterhersteller im Textilgewerbe.

   Individuelle Software: ausdrücklich für ein Unternehmen hergestellte bzw. angepaßte Software, z. B. für eine Werft, ein großes Projekt, Warenhaus, Verlag etc.

7. Spiegelung von Daten ist möglich und garantiert problemloses Arbeiten im Netz, wenn nur eine HDD ausfällt. Nachteile: die Daten sind nicht transportierbar.

8. Andere Backup-Möglichkeiten: Streamer, MO-Laufwerke, Wechselplatten, Zip-Laufwerke, CD-Brenner.

   Sicherungen sollten nach einem festen System täglich, wöchentlich, monatlich von ausgesuchten Mitarbeitern (Supervisor) vorgenommen werden.

9. Einsatz von verschiedenen, auch heuristischen Antivirenprogrammen (AVP).

   Automatischer Check beim Start von Diensten und des Internet.

   Fremdzugriffe durch ein ausgeklügeltes System der Vergabe von Zugriffsrechten auf Programme und Daten verhindern.

   Automatische Virensuche bei Floppy-, CD-Betrieb durch die Mitarbeiter.

10. Die Real Data Organisation müßte die Schulungen anbieten, sowohl für die Netzbetreuung als auch für die einzelnen Mitarbeiter.

    Die Umstellung auf EDV in einem Schritt wird kaum gelingen: besser ist ein modulares System, das heißt z. B. abteilungsweise oder aufgabenbezogene Umstellung, einzelne Mitarbeiter gezielt schulen und mit der neuen Technik vertraut machen.

    Ausreichende Übungseinheiten mit wirklich kompetenten Mitarbeiter/Schulungspersonal vorsehen.

    Vor allem die Vorzüge von PC-Anwendungen für die Mitarbeiter im einzelnen sichtbar machen.

    Ältere Mitarbeiter u. U. nicht mit einer Umstellung konfrontieren, aber: Ausschluß kann auch zu Demotivation von Mitarbeitern und Streit unter den Mitarbeitern führen.

    Rechtzeitige Information über zeitlichen Ablauf und die zu erwartenden Schwierigkeiten.

    Ausführliche Situationsanalyse vornehmen und alle Äußerungen und Befürchtungen von Mitarbeitern ernst nehmen.

Formvollendet - Brief 5008

1. • Die Wörter z. H. (zu Händen) fallen im Anschriftfeld weg.

   • Das numerisch angegebene Datum wird absteigend (Jahr-Monat-Tag) mit Mittestrich (also ohne Punkt) gegliedert.

   • Einige Leitwörter sind umbenannt. Statt Ihre Zeichen, Unsere Zeichen heißt es jetzt Ihr Zeichen, Unser Zeichen. Zusätzlich ist das Leitwort Telefon, Name mit aufgenommen worden.

   • Der Teilbetreff muß unterstrichen werden.

2. Schreibweise der Geldbeträge:
   Aus Sicherheitsgründen können Geldbeträge (mit mehr als drei Stellen) mit dem Punkt (statt Leerzeilen) gegliedert werden.

   Schreibweise der Uhrzeit:
   Die Uhrzeit wird – wie bei Digitaluhren üblich – mit dem Doppelpunkt gegliedert.

3.

**Bürosysteme
Meyer & Co. OHG**

Toys World GmbH
Frau Hahn
Ausschläger Weg 10

20537 Hamburg

Ihre Zeichen, Ihre Nachricht vom	Unsere Zeichen, unsere Nachricht vom	☎	Name	Ortsname
	ho	250	Frau Hofmann	97-02-17

Unser Angebot an Hard- und Software

Sehr geehrte Frau Hahn,

heute informieren wir Sie über unsere neuen Hard- und Softwareprodukte.

Technische Daten. In unser Hardwareangebot haben wir leistungsfähige Arbeitsplatzcomputer mit einem Hauptspeicher von 32 MB und einer Festplatte von 2,5 GB sowie 17" Bildschirme aufgenommen. Der beigefügte Prospekt gibt Ihnen einen Überblick über unsere neuen Computer.

Richten Sie Ihre besondere Aufmerksamkeit aber auf unsere Softwarepalette. Die Version 8.0 des Textverarbeitungsprogramms Zukunftsbüro ermöglicht das automatische Korrigieren von Eingabefehlern. Wenn Sie z. B. den Satzanfang mit einem Kleinbuchstaben beginnen, korrigiert das Progamm diesen Fehler. Der erste Buchstabe des Satzes erscheint dann groß. Gegenüber der Version 7.5 sind viele Funktionen anwenderfreundlicher geworden. Das beiliegende Faltblatt informiert Sie über diese Software.

Wir führen Ihnen unsere neuen Computer und Programmversionen gern einmal vor. Vereinbaren Sie doch mit uns einen Termin.

Mit freundlichen Grüßen

Bürosysteme
Meyer & Co. OHG

Anlagen
1 Prospekt
1 Faltblatt

Ulrike Meyer

An die richtige Adresse

1. Die Magazine *Handwerk aktuell, Schreiner und Tischler, Handwerk heute* erhalten nur den Pressetext mit der Möglichkeit, eine Demo-CD anzufordern. Diese Zeitschriften haben keine spezielle Ausrichtung auf Fragen der Datenverarbeitung.

   Software im Test, EDV im Handwerk und der Fachjournalist Steiner befassen sich speziell mit Software bzw. branchenbezogenen EDV-Anwendungen. Sie erhalten in jedem Fall eine Demo-Version.

2. In den Datei-Manager wechseln und das Verzeichnis „word" aktivieren. Im Hauptmenü unter *Datei* die Option *Verzeichnis erstellen* wählen. Verzeichnis benennen (new-soft) und mit Return oder Mausklick bestätigen.

   Das neue Verzeichnis aktivieren und Unterverzeichnis „adressen" auf gleiche Weise anlegen. In der Anwendung (hier: Word) Adressen in einer Tabelle erfassen und unter den angegebenen Dateinamen speichern. Mit *Datei - Speichern unter* aus dem Verzeichnis „new-soft" das Unterverzeichnis „adressen" wählen und dort die Dateien abspeichern.

3. *Handwerk heute* spricht den Querschnitt aller Handwerksbranchen an und hat neben *Handwerk aktuell* auch die höchste Auflage.

4. Nach dem Gesetz gegen unlauteren Wettbewerb (UWG) dürfen Werbebotschaften ohne Aufforderung nicht per Telefax verschickt werden.

   Durch einen individuell gestalteten Brief läßt sich meist auch mehr Aufmerksamkeit beim Adressaten erreichen, während eine Telefax-Sendung bei der Gegenstelle Papierverbrauch und eine vorübergehende Blockierung des Gerätes für andere Sendungen verursacht.

5. Direct Mail: Vertreter der Zielgruppe, hier also mögliche Abnehmer der neuen Software, werden direkt durch einen Brief angesprochen.

6. Zum Serienbrief gehört das *Hauptdokument* mit allen Textteilen, die unveränderlich sind (eigentlicher Brieftext, Datum usw.). Alle veränderlichen Bezeichnungen wie Name, Adresse und Anrede werden durch Platzhalter ersetzt. Die *Datenquelle* enthält jeweils die variablen Angaben, die anstelle des Platzhalters im Serienbrief eingedruckt werden sollen. Datenquelle kann eine Word-Tabelle sein oder auch eine Datei, die aus einer anderen Windows-Anwendung stammt, beispielsweise Excel.

   In Word 7.0 und den Vorgänger-Versionen besteht eine Datenbank-Funktion, mit der man Adressen bequem verwalten kann. Das Einspielen dieser Daten in einen Serienbrief erleichtert der Serienbrief-Manager unter *Extras - Seriendruck*.

7. Die Platzhalter im Dokument müssen die maximale Länge der eingefügten Daten berücksichtigen, zum Beispiel den längsten Ortsnamen oder Vornamen, damit im ausgedruckten Dokument nichts ungewollt abgekürzt wird.

8. Cursor an den Anfang der Textpartie setzen, die zu ändern ist. Mit gedrückter linker Maustaste zum Ende des Textabschnittes ziehen und auslassen. Auf den markierten Text kann jetzt der größere Schriftgrad angewendet werden.

9. a) Strg + S = Speichern
   Strg + P/D = Drucken (Print)
   Strg + Z = Widerrufen (den letzten Befehl)
   Strg + X = markierte Passage ausschneiden, in die Zwischenablage übernehmen
   Strg + C = markierte Passage in die Zwischenablage kopieren
   Strg + V = aus der Zwischenablage einfügen

   b) Unter Menü *Bearbeiten* die Option *Einfügen* wählen oder das entsprechende Makro-Symbol aus der Symbolleiste wählen.

10. Dokumentanfang: Strg + Pos1 (Ctrl + Up)
    Dokumentende: Strg + Ende (Ctrl + Down)

11. Text aus dem Quellendokument in die Zwischenablage kopieren (s. oben). Im Zieldokument empfiehlt es sich, unter dem Menü *Bearbeiten* die Option *Inhalte Einfügen* zu Hilfe zu nehmen und das geeignete Textformat fürs Einfügen zu wählen.

12. Im Gegensatz zu Windows 95 haben die Windows-Versionen 3.11 und älter nur 8 Zeichen und zusätzlich 3 Zeichen für die Datei-Erweiterung zur Benennung einer Datei zur Verfügung.

13. Sie können aus der Anwendung heraus mit dem Befehl *Datei - Öffnen* das benutzte Diskettenlaufwerk auswählen und sehen dann alle Dateien des gewählten Dateiformats in der Auswahl. Übersichtlicher ist die Ansicht, wenn Sie das Diskettenlaufwerk über den Datei-Manager aufrufen.

14. Im Datei-Manager das erste gewünschte Laufwerk auswählen. Unter dem Menü *Fenster Neues Fenster* wählen, dann das Laufwerk anwählen, das darin angezeigt werden soll. Durch die Auswahl *Fenster - Nebeneinander* sind beide Laufwerke übersichtlich auf dem Bildschirm.

15. Im geöffneten Verzeichnis des Datei-Managers die erste der gewünschten Dateien mit Mausklick aktivieren, dann mit gedrückter linker Maustaste und gedrückter Umschalt(Shift-)taste die letzte Datei im Block aktivieren. Alle zwischenliegenden Dateien sind mitaktiviert.

16. Drag and Drop: "Anklicken" bzw. Aktivieren und Ziehen, Verschieben. Der Mauszeiger wird dabei zum Werkzeug, das aktivierte Textteile verschieben oder Zeichenobjekte durch Ziehen in der Form verändern kann.

Im Datei-Manager können aktivierte Dateien mit gedrückter Maustaste entsprechend in ein anderes Verzeichnis hinübergezogen werden. Bei gleichzeitig gedrückter Strg-Taste werden die Dateien gleichzeitig kopiert, befinden sich also im Ursprungs- und im Zielverzeichnis.

Wer oder was ist wo im Büro?

Raum 1	Raum 2	Raum 3
Kopierer Server = PC Arbeitsschrank 0 Mitarbeiter	Fax Modem 1 Mitarbeiter	Scanner Radio 2 Mitarbeiter

Raum 4	Raum 5	Raum 6
Drucker Papierschredder 3 Mitarbeiter	Kaffeemaschine Modem 2 Mitarbeiter	Schreibmaschine Arbeitsschrank 1 Mitarbeiter

Sitzen Sie richtig?

1. • Zur Gewährleistung der Arbeitssicherheit im Büro sind schon seit Jahren Bürostühle mit fünf Füßen vorgeschrieben; Stuhlrollen müssen unter Last abbremsen. Eine Höhenverstellung mittels Drehgewinde, bei der sich die Stuhlfläche lösen kann, ist ebenfalls nicht zulässig.

   • Womöglich scharfkantige Metall-Schreibtische bergen grundsätzlich Verletzungsgefahr. Die Einengung der Sitzposition am Schreibtisch durch Schubfächer links und rechts in Kniehöhe erschwert den Positionswechsel hin zu den verschiedenen Arbeitsmitteln (Tastatur und Bildschirm, Schreibfläche, Telefon, Drucker...).

   • Die betagten Erfassungsgeräte entsprechen nicht mehr heutigen Arbeitsanforderungen, alleine was die Datenkapazität betrifft. Im übrigen gilt in der Bundesrepublik seit Januar 1997 eine Richtlinie über Bildschirmarbeitsplätze, wobei Teile der enthaltenden Vorschriften bereits ohnehin im deutschen Arbeits- und Gesundheitsschutz geregelt sind. Danach
   - müssen Bildschirme reflex- und flimmerfrei sein (sog. Bildwiederholfrequenz mindestens 73 Hertz),
   - muß die Tastatur vom Bildschirm getrennt, frei aufstellbar und deutlich beschriftet sein.

2. Bei der Ausrüstung der Arbeitsplätze in der Abteilung mit PCs und Peripheriegeräten achtet Herr Weiler auch darauf, daß die Geräte nicht nur den aktuellen Arbeitsanforderungen entsprechen, sondern später auch ohne Probleme auf- und nachgerüstet werden können. Im übrigen kommen für ihn nur benutzerfreundliche, ergonomisch gestaltete Arbeitsplatz-Computer für die Anschaffung in Frage. Der Bildschirm beispielsweise muß ein standfestes Bild aufweisen und der MPR II-Norm entsprechen.

3. Ergonomische Gesichtspunkte bezüglich eines Arbeitsplatzes bedeuten: Die Gestaltung, Anordnung und Handhabung von Arbeitsmitteln ist so beschaffen, daß Arbeitsabläufe so zeitsparend, mühelos und effizient wie möglich ablaufen können.

   Beispiel: Die Computermaus als Steuerungsinstrument ist so gestaltet, daß sie angenehm in der Hand liegt und leicht geführt und bedient werden kann. Maus und Unterlage (Mousepad) sind so plaziert, daß sie bei der Bedienung von Tastatur, Drucker oder Telefon nicht stören, aber dennoch problemlos erreichbar sind.

4. MPR II-Norm: Schwedische Industrienorm, die die maximal zulässige Abstrahlung von elektronischen Geräten, hier Bildschirmen, regelt.

5. Bei durchgehender Arbeit am Bildschirm sind Mindestpausen (Arbeitsunterbrechungen bzw. anderweitige Beschäftigungen) von fünf Minuten je Stunde vorgesehen.

6. Gegenüber einem Präsenzarbeitsplatz in einem Unternehmen befindet sich ein Telearbeitsplatz in der Wohnung des Arbeitnehmers. Üblicherweise steht der/die Telearbeiter/in mit dem Arbeitgeber über Telefon, Fax oder Computer-Online in Verbindung.

7. ISDN (Integrated Services Digital Network) ist ein digitales Servicenetz mit integrierten Diensten, also Sonderfunktionen für den Nutzer. Neben anderen privaten wie staatlichen Telekommunikations-Gesellschaften bietet auch die Deutsche Telekom ISDN und begleitende Leistungen an.

Über ISDN können nicht nur akustische Signale, also das gesprochene Wort, vermittelt werden, sondern auch große Datenmengen zwischen mehreren miteinander vernetzten PCs (Rechnern) oder die komplexen Daten einer Fotografie. Je nach Ausstattung können mehrere Endgeräte unter verschiedenen Rufnummern an einer ISDN-Leitung betrieben werden.

8. Ein ISDN-Anschluß am Firmenrechner und dem Arbeitsplatz zuhause ist eine geeignete Grundlage für die Online-Verbindung. Der Rechner am Heim-Arbeitsplatz muß dazu mit einer speziellen ISDN-Steckkarte ausgerüstet werden.

Gut organisiert ist halb gewonnen

1. Sein Ziel ist die optimale Leitung seines Unternehmens.

2. Oleg muß den ersten Schritt zur optimalen Organisation gehen und Aufgaben im Unternehmen erfassen und eingrenzen. Aufgaben sind für Oleg kleinste Ziele, die im Unternehmen erreicht werden müssen.

3. Die Unternehmensaufgaben könnten auf ihre Spezialisierungsanforderungen, d.h. Arbeitsteilung überprüft werden. Diese sind z.B.
   - Qualifikationsanforderungen,
   - Zeitdauer usw.

   Diese Gliederung der Aufgaben ergibt wirtschaftliche Vorteile, wenn die Aufgabenteilung z.B. bis zu geringen Qualifikationsanforderungen weitergeführt werden würde.

4.

Gliederungsmerkmale	Beispiele für Gliederung der Unternehmensaufgaben in Teilaufgaben
Verrichtungen (Teilbereiche des Unternehmens)	Einkauf, Verkauf
Objekt (Produkt)	Hardware, Software
Rang (Entscheidungsaufgaben, Ausführungsaufgaben)	Abteilungsleiter, Sachbearbeiter
Phase / Zeit (Planungsaufgaben, Kontrollaufgaben)	Bestandsüberwachung im Lager

5. Einkauf - Hardware, Verkauf - Hardware

6.

„Olegs Computerhandel"	Stellenbeschreibung
Name des Stelleninhabers:	(Name, individuell ausgewählt)
Eingliederung der Stelle in das Unternehmen	
Bezeichnung der Stelle:	Leiter Verkauf
Name und Stelle des Vorgesetzten:	Oleg Muster, Geschäftsführer
Namen der direkt unterstellten Mitarbeiter:	(3 Namen, individuell ausgewählt)
Stellvertretung durch:	Leiter der Einkaufsabteilung
Stellvertretung wird vertreten durch:	Sachbearbeiter Verkaufsgebiet A
Ziele der Stelle:	Der Stelleninhaber sorgt durch ständige Marktbeobachtung für sicheren und steigenden Marktanteil. Um eine sichere und wirtschaftliche Beschaffung zu erreichen, arbeitet er zusammen mit der Einkaufsabteilung.
Aufgaben	
Gesamtaufgabe:	Leitung der Verkaufsabteilung
Einzelaufgaben:	Kundenkontakt, Vertreter und Betreuer für Support einstellen, Marktforschung, Werbung, Statistikauswertung, Führung der Mitarbeiter
Befugnisse:	Prokura, Urlaubsgenehmigung für Mitarbeiter, Genehmigung von Mitarbeitern, Benutzung des privaten Kfz, Besuch von Messen und Ausstellungen, Bewirtung im und außer Haus, Investitionen geringwertiger Wirtschaftsgüter (bis 800,- DM)
Stellenanforderungen	
Fachkenntnisse (Ausbildung, Erfahrung):	Abitur, kaufmännische Ausbildung, Fachschule erwünscht, Kenntnisse in Englisch, 3-4 Jahre Verkaufspraxis in der Branche
Persönlichkeitsmerkmale:	Verhandlungsgeschick, Führungseigenschaften, Kontaktfreudigkeit

7. Geschäftsleitung - Oleg Muster, Kaufmännische Leitung - (Stelle) Leiter: Reich, Einkauf - (Stelle) Leiter: Billig, Organisation - (Stelle) Leiter: Fromm, Rechtsabteilung - (Stelle) Leiter: Dr. Nuß, Verwaltung - (Stelle) Leiter: Groß, Verkauf - (Stelle) Leiter: Müller, Technische Leitung - (Stelle) Leiter: Schulze, Hardware - (Stelle) Leiter: Ottmann, Software - (Stelle) Leiter: Dederer, Support - (Stelle) Leiter: Roth

Lösungen 121

8.
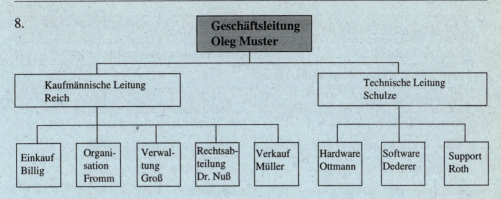

9. Ist eine hierarchisch niedrigere Stelle mit einer hierarchisch höheren Stelle nur durch eine Linie verbunden, ist ein Einliniensystem entstanden.

10. Es herrscht das Prinzip der Einheit der Auftragserteilung. In diesem System hat jeder Untergebene nur einen einzigen Vorgesetzten, ein Vorgesetzter jedoch hat mehrere Untergebene.

11. Oleg Muster selbst als Geschäftsführer.

12. Die Entscheidung ist bindend für Ottmann, Dederer, Roth.

13. Nein, die Abteilung Einkauf ist in Olegs Unternehmen nur in die Abteilung kaufmännische Leitung eingegliedert.

14.
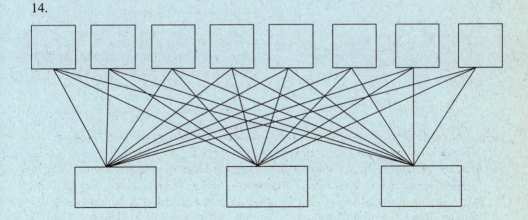

15. Mehrliniensystem

16. Bei diesem System ist eine hierarchisch niedrigere Stelle durch mehrere Linien mit mehreren hierarchisch höheren Stellen verbunden (Mehrfachunterstellung). Der Ausführende erhält von mehreren Vorgesetzten Anweisungen. Das Prinzip der Einheit der Auftragserteilung des Einliniensystems wird verlassen. Dieses System geht auf Taylor (1911) zurück, der es als "Funktionsmeistersystem" entwickelte. Er rechtfertigte sein System mit dem Gedanken, daß "... einer nicht acht Herren dienen kann, aber acht können einem helfen". Auf den oberen Führungsebenen konnte sich das Funktionsmeistersystem, d.h. das System der funktionalen Spezialisierung, durchsetzen.

17. Organisation: Gestaltung der Aufbau- und Ablauforganisation und deren Überprüfung auf deren Funktionsfähigkeit. Gegebenenfalls sind Verbesserungsvorschläge zu machen.
Rechtsabteilung: Ausarbeiten von Verträgen, Entwürfe von Verträgen, Gutachten über Rechtsfragen für die Geschäftsleitung.

18. Die Organisations- und die Rechtsabteilung wären besser unmittelbar bei der Geschäftsleitung angesiedelt. Diese Abteilungen sollten die Geschäftsleitung unterstützen. Beide sollten direkt von dieser Abteilung Anweisungen und Aufträge erhalten.

19.
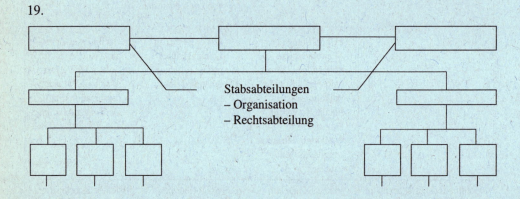

20. Stab-Linien-System

21. Das Stab-Linien-System versucht, die Vorteile des Einliniensystems mit den Vorteilen des Mehrliniensystems zu kombinieren. Seinen Ursprung hat dieses System im militärischen Bereich. Der Stab soll die Linieninstanz - besonders die Führungsspitze - mit Spezialwissen unterstützen. Diese Spezialisten können z. B. Juristen oder Finanzfachleute sein. Eine wichtige Tatsache ist, daß der Stab keine Weisungsbefugnis hat.

22.

Kriterien	Linien-organisation	Mehrlinien-organisation	Stab-Linien-Organisation
Grundsätze	• Einheit der Leitung • Einheit des Auftragsempfangs	• Spezialisierung der Leitung • direkter Weg • Mehrfachunterstellung	• Einheit der Leitung • Spezialisierung von Stäben ohne Kompetenz gegenüber der Linie
Eigenarten	• hierarchies Denken • keine Spezialisierung bei Leitungsfunktion	• Spezialisierung der Leitungskräfte • Übereinstimmung von Fachkompetenz und Entscheidungskompetenz	• Entscheidungskompetenz von Fachkompetenz getrennt
Kapazitätsgesichtspunkte • Vorteile	• Einheit der Auftragserteilung reduziert Kommunikations- und Entscheidungsprozesse	• Entlastung der Leitungsspitze • Verkürzung der Kommunikationswege • keine Belastung von Zwischeninstanzen	• Entlastung der Linieninstanzen • erhöhte Kapazität für sorgfältige Entscheidungsvorbereitung
• Nachteile	• Überlastung der Leitungsspitze • ungenügend dimensioniertes Kommunikationssystem • lange Kommunikationswege • unnötige Belastung von Zwischeninstanzen	• großer Bedarf an Leitungskräften • großer Kommunikationsbedarf	• Gefahr eines zu groß dimensionierten Stabs • Gefahr der Vernachlässigung der Leitungsorganisation (Stab) als Vorwand für ungenügende Delegation
Koordinationsgesichtspunkte • Vorteile	• klare Kompetenzabgrenzung • klare Anordnungen • klare Kommunikationswege • leichte Kontrolle	• große Koordinationsfähigkeit • schnelle, direkte Kommunikation	• höhere Koordinationsfähigkeit gegenüber Linienorganisation
• Nachteile	• keine direkte Koordination zwischen hierarchisch gleichrangigen Stellen • Gefahr der Überorganisation	• Kompetenzkonflikte kaum vermeidbar • keine klaren Kriterien der Kompetenzabgrenzung • in großen Systemen kaum zu bewältigende Koordination	• Konfliktmöglichkeiten zwischen Linie und Stab • Durchsichtigkeit der Entscheidungsprozesse geht verloren

23. Die Situation 3 beschreibt das Direktorial- und das Kollegialsystem.

24. Beim Direktorialsystem liegt die Leitung in der Hand einer Person (Singularinstanz). Beim Kollegialsystem vollzieht ein Kollegium die Willensbildung (Pluralinstanz). Oleg, sein Bruder und seine Schwester würden gemeinsam entscheiden. Grundsätzlich ist bei größeren Betrieben infolge der hohen Anforderungen an Kenntnissen und Erfahrungen die Pluralinstanz heute vorherrschend.

25.

	Vorteile	Nachteile
Direktorialsystem	Schnell durchsetzbare Entscheidungen	Gefahr der Ausstattung einer Einzelperson mit großer Machtfülle
Kollegialsystem	Betriebliche Funktionen sind auf mehrere Personen aufgeteilt: somit gesammelte Fachkenntnisse und größerer Überblick	Meinungsverschiedenheiten können die Willensbildung behindern zum Nachteil des Unternehmens

Netto – Der kümmerliche Rest

1. und 2.

Name: Caroline Henderson		
GEHALTSABRECHNUNG Monat:	19..	
Lohnsteuerklasse: I	Kinder: – –	
Krankenkasse: 13,6 %		

B R U T T O G E H A L T   2.950,00 DM

Vertragliche Zuzahlung   78,00 DM

Sozialversicherungspflichtiges Entgelt   **3.028,00 DM**

./. Lohnsteuer   414,00 DM

./. Kirchensteuer   8,00 %   33,12 DM

./. Solidaritätszuschlag   7,50 %   31,05 DM

./. Rentenversicherung   10,15 %   307,34 DM

./. Arbeitslosenversicherung   3,25 %   98,41 DM

./. Krankenversicherung   6,80 %   205,90 DM

./. Pflegeversicherung   0,85 %   25,74 DM

N E T T O G E H A L T   1.912,44 DM

./. Vermögenswirksame Leistungen (Sparrate)   78,00 DM

A U S Z A H L U N G S B E T R A G   **1.834,44 DM**

Sozialversicherungsbeiträge   637,39 DM

Steuern (Lohn-, Kirchensteuer, Solidaritätszuschlag)   478,17 DM

3.

Name: Caroline Henderson		
GEHALTSABRECHNUNG Monat:	19..	
Lohnsteuerklasse:	I	Kinder: – –
Krankenkasse:	13,6 %	

B R U T T O G E H A L T		2.950,00 DM
Vertragliche Zuzahlung		– DM
Sozialversicherungspflichtiges Entgelt		**2.950,00 DM**
./. Lohnsteuer		388,00 DM
./. Kirchensteuer	8,00 %	31,04 DM
./. Solidaritätszuschlag	7,50 %	29,10 DM
./. Rentenversicherung	10,15 %	299,43 DM
./. Arbeitslosenversicherung	3,25 %	95,88 DM
./. Krankenversicherung	6,80 %	200,60 DM
./. Pflegeversicherung	0,85 %	25,08 DM
N E T T O G E H A L T		1.880,87 DM
./. Vermögenswirksame Leistungen (Sparrate)		– DM
A U S Z A H L U N G S B E T R A G		**1.880,87 DM**
	Differenz:	46,43 DM
Sozialversicherungsbeiträge		620,99 DM
Steuern (Lohn-, Kirchensteuer, Solidaritätszuschlag)		448,14 DM

Lösungen

4.

Name: Caroline Henderson		
GEHALTSABRECHNUNG Monat:	19..	
Lohnsteuerklasse:	I	Kinder: – –
Krankenkasse:	13,6 %	
Kirchensteuer:	e.v.	

B R U T T O G E H A L T		3.450,00 DM
Vertragliche Zuzahlung		78,00 DM
Sozialversicherungspflichtiges Entgelt		**3.528,00 DM**
./. Lohnsteuer		565,66 DM
./. Kirchensteuer	8,00 %	45,25 DM
./. Solidaritätszuschlag	7,50 %	42,42 DM
./. Rentenversicherung	10,15 %	358,09 DM
./. Arbeitslosenversicherung	3,25 %	114,66 DM
./. Krankenversicherung	6,80 %	239,90 DM
./. Pflegeversicherung	0,85 %	29,99 DM
NETTOGEHALT		2.132,03 DM
./. Vermögenswirksame Leistungen (Sparrate)		78,00 DM
A U S Z A H L U N G S B E T R A G		**2.054,03 DM**
Sozialversicherungsbeiträge		742,64 DM
Steuern (Lohn-, Kirchensteuer, Solidaritätszuschlag)		653,33 DM

5.

Name: Yasmin Eitouni

GEHALTSABRECHNUNG   Monat: 19..

Lohnsteuerklasse:	I	Kinder: – –
Krankenkasse:	13,6 %	
Kirchensteuer:	e.v.	

B R U T T O G E H A L T   3.300,00 DM

./. Lohnsteuer   498,50 DM

./. Kirchensteuer   8,00 %   39,88 DM

./. Solidaritätszuschlag   7,50 %   37,39 DM

./. Rentenversicherung   10,15 %   334,95 DM

./. Arbeitslosenversicherung   3,25 %   107,25 DM

./. Krankenversicherung   6,80 %   224,40 DM

./. Pflegeversicherung   0,85 %   28,05 DM

                                                     21,05 %

A U S Z A H L U N G S B E T R A G   2.029,58 DM

                                                         2.029,58 DM

A U S Z A H L U N G S B E T R A G		2.029,58 DM
+ Lohnsteuer		
+ Kirchensteuer		
+ Solidaritätszuschlag		
= Prozent	78,95 %	2.605,35 DM
	100 %	3.300,00 DM

6.

Dat./Nr.	Buchungssatz			Soll	Haben
1.	Gehälter	an	Bank	2.950,00 DM	1.834,44 DM
	Soziale Aufwendungen AG		Verbindl. aus Steuern	78,00 DM	478,17 DM
			Verbindl. aus Soz. Vers.		637,39 DM
			Verbindl. aus vwL.		78,00 DM
2.	Soziale Aufwendungen AG	an	Verbindl. aus Soz. Vers.	637,39 DM	637,39 DM
	für den 10. des Folgemonats				
	Verbindl. aus Steuern			478,17 DM	
	Verbindl. aus Soz. Vers.			1.274,78 DM	
	Verbindl. aus vwL.	an	Bank	78,00 DM	1.830,95 DM

7.

Notizen

ALLISSON & CO.
HANDEL MIT KIKO

Tel. 0 40 - 250 12 11
Fax: 0 40 - 250 12 12

Eilbeker Weg 98   22089 Hamburg

Datum:

sonstige Lohnnebenkosten   Frau Henderson

Kantinenzuschuß

Urlaubsgeld   2.000,00 DM

....

freie Getränke
Fahrgeld
Betriebsrente wäre auch schön
Weihnachtsfeier
Weihnachtsgeld
Sozialräume
Betriebssport
Ausflüge (vielleicht nach Monte Carlo??)

Schritt bei Schritt

1. Ablauforganisation: Organisatorische Festlegung der rationellen Gestaltung der Arbeitsabläufe im Betrieb. Unter Arbeitsabläufe versteht man dabei Vorgänge zur Erfüllung betrieblicher Teilaufgaben, die zeitlich und räumlich hinter- oder nebeneinander stattfinden.

2.
   - Reibungsloser Ablauf der auszuführenden Arbeiten; Beispiel: Engpässe bei der Hardwareauslieferung vermeiden.
   - Sicherung der Güte der auszuführenden Arbeiten; Beispiel: Testläufe vor der Auslieferung der Hardware.
   - Sicherung der Termine der auszuführenden Arbeiten; Beispiel: Termingenaue Auslieferung der Hardware.
   - Sicherung und Pflege des Betriebsklimas; Beispiel: Einplanung von Arbeitspausen; Untersuchung der psychischen Belastungen der Mitarbeiter am Arbeitsplatz.

3.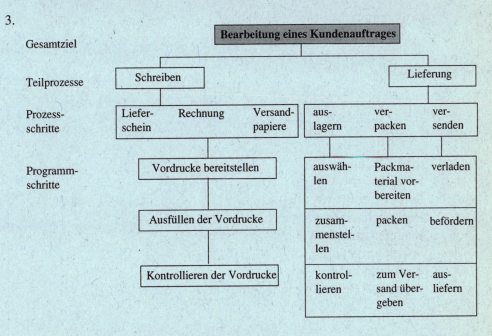

4. Arbeitszuordnung, Arbeitszeit und Arbeitsort

5.
   - Arbeitszuordnung: Es werden die Arbeitskräfte und die nötigen Sachmittel zur Erfüllung der Arbeitsaufabe bestimmt. Diese können einem Aufgabenträger - vgl. Stellenbildung bei der Aufbauorganisation - zugeordnet werden (Einzelzuordnung). Beispiel: Eine Mitarbeiterin schreibt Lieferscheine. Auch eine Zuordnung zu einer Gruppe von Personen ist möglich (Gruppenzuordnung). Beispiel: Eine Gruppe von Packerinnen macht die Waren versandfertig.

- Arbeitszeit: Es werden die Zeitfolge, Zeitdauer und Zeitpunkt mit dem Begriff Arbeitszeit festgelegt.
  - Die Zeitfolge legt die Reihenfolge der Teilarbeiten fest. Beispiel: Eingangsrechnungen werden sortiert (1. Vorgang), kontiert (2. Vorgang) und gebucht (3. Vorgang).
  - Mit der Zeitdauer wird der Zeitbedarf für die Teilarbeiten angegeben.
  - Mit der Nennung von Zeitpunkten wird der Anfangs- und Endzeitpunkt der Arbeit kalendermäßig festgestellt. Diese Daten werden von der Terminplanung vorgegeben.
- Arbeitsort: Die Anordnung der Arbeitsplätze wird räumlich entsprechend
  - dem Arbeitsablauf und der Reihenfolge der Teilarbeiten,
  - der Überschaubarkeit zusammengehöriger Arbeitsplätze,
  - der Länge der Transportwege zur Optimierung der Durchlaufzeiten (bes. bei industrieller Fertigung)
  - der Möglichkeit der Anpassung des Arbeitsplatzes an den Arbeitsgegenstand durchgeführt.

6. Die Arbeitsanweisung ist ein Hilfsmittel zur Sicherung des reibungslosen Arbeitsablaufs. Sie legt verbindlich fest, daß ein Arbeitsvorgang
   - auf eine bestimmte Weise durchgeführt wird,
   - in immer gleicher Weise wiederholt wird, so daß
   - das Ergebnis des Arbeitsvorgangs immer gleich ausfällt, gleichgültig, von wem er ausgeführt wird.

Lösungen

7.

Arbeitsanweisung Nr. A 96		01.01.19..
Arbeitsgebiet: Bearbeitung von Kundenreklamationen		
I	**Allgemeine Richtlinien**	
	Es muß davon ausgegangen werden, daß unsere Kunden nicht grundlos reklamieren. Es muß bei der Bearbeitung der Kundenreklamation Ihr Ziel sein, die Kunden zufriedenzustellen. Auch deshalb sind die Kundenreklamationen so schnell wie möglich zu bearbeiten.	
II	**Verlauf der Bearbeitung der Kundenreklamationen**	
	1. Poststelle	Die telefonisch, per Fax oder schriftlich eingehenden Kundenreklamationen müssen unverzüglich der Verkaufsabteilung zugeleitet werden, denn die Verkaufsabteilung ist für den Kundenkontakt zuständig.
	2. Verkaufsabteilung	a) Das Formular K 08 ist in dreifacher Ausfertigung auszustellen. Das Original wird vollständig ausgefüllt an die Stelle weitergeleitet, die den beanstandeten Fehler verursacht hat; die grüne Kopie erhält der zuständige Reisende; die gelbe Kopie verbleibt in der Verkaufsabteilung. b) Auszufüllen sind als erste die Rubriken 1 und 2 des Formulars K 08 mit der Adresse des Kunden, dem beanstandeten Gegenstand mit der Anzahl der beanstandeten Gegenstände, der Art der Beanstandung und dem Eingangsdatum der Reklamation. Hat der Kunde die Auftragsnummer nicht angegeben, muß diese in unseren Unterlagen ermittelt und in das Formular K 08 (Rubrik 2) eingetragen werden. c) Das Original des Formulars K 08 wird zusammen mit der grünen Kopie sowie mit der Mängelrüge des Kunden bzw. den Notizen der Poststelle (im Falle einer telefonischen Reklamation) weitergegeben.
	3. Reklamationsabteilung	a) Die möglichen Ursachen des gerügten Mangels in das Formular K 08 (Rubrik 3) eintragen. Ist der Fehler vermutlich auf falsche Bedienung des Kunden zurückzuführen, ist dies besonders zu vermerken. b) In der Rubrik 4 ist festzuhalten, in welchen Punkten die Kundenreklamationen begründet und in welchen Punkten sie unbegründet ist. "Unbegründet" bedeutet, daß kein von uns zu vertretener Mangel vorliegt. "Begründet" heißt, daß wir den Mangel beheben müssen. c) In der anschließenden Rubrik 5 ist ein Vorschlag zu machen, wie die Reklamation erledigt werden kann. Ist unsere Garantie abgelaufen, können Kulanzvorschläge unterbreitet werden. d) Ist der Mangel durch uns zu vertreten, sollen in der Rubrik 6 des Formulars K 08 Vorschläge eingetragen werden, wie die Wiederholung gleicher Mängel künftig vermieden werden kann.
	4. Verkaufsabteilung	a) Der Leiter der Verkaufsabteilung ist befugt zu entscheiden, wie die Reklamation zu erledigen ist (Rubrik 7 des Formulars). b) Der zuständige Sachbearbeiter gibt dem Kunden schriftlich Nachricht, wie die Reklamation aus unserer Sicht erledigt werden soll. Können Mängel nicht unverzüglich behoben werden, ist dem Kunden eine Begründung unter Angabe der voraussichtlichen Bearbeitungszeit zu geben. Bei längeren Bearbeitungszeiten erhält der Kunde einen Zwischenbescheid.
	5. Reisender	Nach Erledigung der Reklamation erhält der zuständige Reisende die grüne Kopie des Formulars K 08, damit er orientiert ist und beim nächsten Kundenbesuch die Angelegenheit zur Sprache bringen kann. Falls der Kunde den Fehler verursacht hat, muß der Reisende den Kunden über die sachgemäße Behandlung unserer Geräte unterrichten.

8. Fachkenntnisse (Ausbildung, Erfahrung):
Kaufmännische Ausbildung, Fachschule erwünscht, mindestens 3 Jahre Verkaufspraxis in der Branche.

Persönlichkeitsmerkmale:
Urteilsfähigkeit, Fähigkeit und Bereitschaft zur Zusammenarbeit, Koordinationsgabe.

9.

Abteilung Verkauf		Arbeitsvorgang: Bearbeitung von Kundenreklamationen			
Zeichen:		erstellt am:	geprüft:		gilt ab:
Bearbeitung: ○ Weiterleiten: → Überprüfen: ☐ Verzögerung: ↑ Ablage: ▼ Bearbeiten und Überprüfen: ■		Arbeitsstellen			
		Poststelle	Verkaufs- abteilung	Reklamations- abteilung	Reisender
Nr. Tätigkeiten:					
1	Aufdruck des Tagesstempels	○			
2	Weitergabe an Verkaufsabteilung	→			
3	Formular K 08 anlegen		○		
4	Formular K 08		→		
5	Formular K 08		▼		
6	Mängel überprüfen			■	
7	in K 08 Mängel eintragen			○	
8	Vorschlag zur Erledigung			○	
9	Vorschlag zur Verhinderung von derartigen Mängeln			○	
10	Entscheidung		○		
11	Kundenbrief erstellen		○		
12	Kundenbrief weitergeben	→			
13	Kundenbrief versenden	○			
14	Kunden benachrichtigen	○			
15	Reisenden benachrichtigen	→			
16	evtl. Kunde instruieren				○

(AB + EB)/2

1. Die Lagerarten können unterschieden werden nach dem betrieblichen Bereich, in dem sie angelegt werden:

   Beschaffungslager:
   - Eingangslager: Hier werden die eingehenden Werkstoffe und Waren bis zur Eingangsprüfung gelagert.
   - Hauptlager: Zentrale Lagerung der Werkstoffe und Waren sowie der Werkzeuge für die Produktion.
   - Nebenlager: Lager, die sich bei den einzelnen Verbrauchstellen (z.B. Werkstätten, Zweigniederlassungen) befinden.
   - Hilfslager: Ausweichlager, wenn die Kapazität des normal benutzten Lagers wegen Überschußmengen nicht mehr ausreicht.

   Produktionslager:
   - Zwischenlager: Sie nehmen unfertige, noch weiter zu bearbeitende Erzeugnisse auf. Diese Lager müssen häufig deshalb eingerichtet werden, weil die Produktionsstätten des Produktionsprozesses nicht optimal abgestimmt sind. Daneben verhindern Zwischenlager jedoch auch, daß bei Betriebsstörungen (z.B. Ausfall einer Maschine) der gesamte Produktionsprozeß zum Stillstand kommt.
   - Handlager: Hier werden Kleinmaterialien und Werkzeuge direkt am Arbeitsplatz bevorratet. Sie sichern den Betriebsablauf und sparen Transportkosten zwischen Haupt- bzw. Nebenlager und Arbeitsplatz.

   Absatzlager:
   - Fertigwarenlager: In diesen Lagern werden die fertiggestellten Erzeugnisse gelagert, um sie für den Absatz bereitzuhalten.
   - Versandlager: Dies sind Lager, in denen versandfertige Erzeugnisse kurzfristig gelagert werden.
   - Handelswarenlager: Hier werden Handelswaren für den Verkauf bereitgestellt.

2. Zu den Aufgaben der Lagerhaltung gehören:
   - Sicherungsfunktion, Mengenausgleichsfunktion: Durch die Einrichtung von Lagern wird die Produktionsbereitschaft (z.B. bei Lieferverzögerungen bzw. bei unregelmäßigem Produktionsverlauf) sowie die Lieferbereitschaft (Anpassungsmöglichkeit bei schwankender Nachfrage) gesichert.
   - Zeitüberbrückungsfunktion: Die Lagerhaltung ermöglicht den zeitlichen Ausgleich zwischen Beschaffung, Produktion und Absatz. So müssen Werkstoffe im Hauptlager bevorratet werden, da der Werkstoffverbrauch in der Produktion kontinuierlich verläuft, die Lieferanten jedoch i.d.R. nicht produktionssynchron liefern können.
   - Preisausgleichsfunktion: Durch den Einkauf hoher Mengen können Mengenrabatte ausgenutzt, Transportkosten verringert und Vergünstigungen bei den Verpackungs-

kosten genutzt werden. Trotz schwankender Nachfrage können somit relativ konstante Preise realisiert werden.

3. Zu den Lagerkennziffern gehören:

- Durchschnittlicher Lagerbestand: Mit dieser Kennziffer wird berechnet, wieviel Material im Durchschnitt innerhalb eines Jahres auf Lager liegt. Die Höhe des durchschnittlichen Lagerbestandes hängt ab von der Bestellmenge, der Bestellhäufigkeit, dem Tagesverbrauch und dem Mindestbestand. Grundlage der Berechnung ist i.d.R. ein Jahr. Die durchschnittliche Kapitalbindung läßt sich durch Bewertung des durchschnittlichen Lagerbestandes mit dem Einstandspreis pro Materialeinheit berechnen.

Berechnungsformel:

$$\text{Durchschnittlicher Lagerbestand} = \frac{\text{Anfangsbestand} + \text{Endbestand}}{2}$$

Genauer kann der durchschnittliche Lagerbestand berechnet werden, wenn mehr Angaben über die Lagerbestände innerhalb des Betrachtungszeitraumes vorliegen.

Berechnungsformel:

$$\text{Durchschnittlicher Lagerbestand} = \frac{\text{Anfangsbestand} + \text{12 Monatsendbestände}}{13}$$

Beispiel:

Sowohl bei Werkstoff A (–) als auch Werkstoff B (–) beträgt der durchschnittliche Lagerbestand 50 Stück. Bei einem Einstandspreis von 2,- DM pro Stück ergibt sich eine Kapitalbindung von durchschnittlich 100,- DM.

Im Durchschnitt waren also 50 Stück im Lager; in der ersten Jahreshälfte durchschnittlich mehr, in der zweiten Jahreshälfte durchschnittlich weniger.

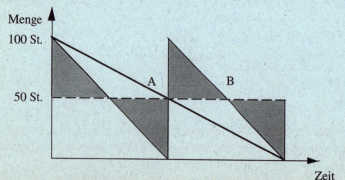

Lösungen

Bewertet man den mengenmäßigen durchschnittlichen Lagerbestand mit den Einstandspreisen des betrachteten Gutes, so ergibt sich der Materialwert des durchschnittlichen Lagerbestandes. In dieser Höhe bindet Lagerbestand das Kapital des Unternehmens.

- Umschlagshäufigkeit: Diese Kennziffer gibt an, wie oft der durchschnittliche Lagerbestand im Jahr umgesetzt wird, d.h. wie oft das Lager geräumt wird.

Berechnungsformel:

$$\text{Umschlagshäufigkeit} = \frac{\text{Werkstoffverbrauch pro Jahr}}{\text{Durchschnittlicher Lagerbestand}}$$

Bezogen auf das Beispiel bedeutet dies:

Vom Werkstoff A wurden 100 St. in einem Jahr in die Produktion gegeben. Der durchschnittliche Lagerbestand wurde somit zweimal umgesetzt. Bei Werkstoff B hingegen beträgt die Umschlagshäufigkeit 4, da der Lagerhöchstbestand zweimal in einem Jahr erreicht wurde.

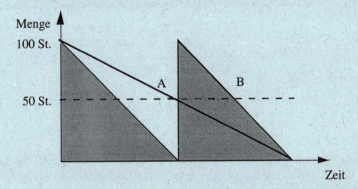

- Durchschnittliche Lagerdauer: Abhängig von der Umschlaghäufigkeit wird hierbei berechnet, wieviel Tage eine Einheit des Materials durchschnittlich im Lager liegt.

Berechnungsformel:

$$\text{Durchschnittliche Lagerdauer} = \frac{360 \text{ (Tage)}}{\text{Umschlagshäufigkeit}}$$

Bezogen auf das Beispiel gilt also:

Ein Stück des Werkstoffs A lag im Durchschnitt ein halbes Jahr auf Lager, bevor es in der Produktion verbraucht wurde; die durchschnittliche Lagerdauer betrug somit 180

Tage. Bei Werkstoff B beträgt die durchschnittliche Lagerdauer dagegen nur 90 Tage, da der Lagerumschlag doppelt so hoch war. Es gilt offensichtlich, je höher die Umschlagshäufigkeit, desto kürzer die Lagerdauer und umgekehrt.

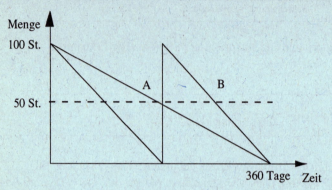

- Lagerzinsen: Diese Kennziffer steht für die Zinskosten des gebundenen Kapitals. Durch die Investition von Kapital in das Lagervermögen gehen dem Unternehmen Zinsen verloren ("Opportunitätskosten"). Ausgangspunkt der Berechnung ist der (Haben-)Marktzinssatz. Da dieser für 360 Tage ("per anno") angegeben wird, muß er zunächst auf die durchschnittliche Lagerdauer des betrachteten Werkstoffs umgerechnet werden. Es ergibt sich der sogenannte Lagerzinssatz.

Je kürzer die Lagerdauer ist, desto niedriger sind die auf das gelagerte Material entfallenden Zinskosten.

Berechnungsformel:

$$\text{Lagerzinssatz} = \frac{\text{(Jahres-) Marktzinssatz} \times \text{Durchschnittliche Lagerdauer}}{360} = \frac{\text{(Jahres-) Marktzinssatz}}{\text{Umschlagshäufigkeit}}$$

$$\text{Lagerzinsen} = \frac{\text{Durchschnittlicher Lagerbestand} \times \text{Einstandspreis} \times \text{Lagerzinssatz}}{100}$$

4. a)

$$\text{Durchschnittlicher Lagerbestand} = \frac{AB + 12\,MEB}{13} = \frac{1550 + 1050 + 1050 + 900 + 970 + 900 + 900 + 750 + 930 + 450 + 880 + 1560 + 890}{13}$$

$$= 983{,}08 \text{ Stück}$$

Lösungstip: Berechnen Sie zunächst die Endbestände der jeweiligen Monate anhand der Lagerkarte.

b)

$$\text{Umschlagshäufigkeit} = \frac{\text{Materialeinsatz}}{\text{Durchschnittlicher Lagerbestand}} = \frac{10360}{983,08} = 10,54$$

Lösungstip: Der Materialeinsatz entspricht der Summe aller Entnahmen.

c)

$$\text{Durchschnittliche Lagerdauer} = \frac{360}{\text{Umschlagshäufigkeit}} = 34,16 \text{ Tage}$$

Lösungstip: Das durchschnittlich im Lager gebundene Kapital beträgt 511,20 DM (983,08 St. x 0,52 DM/Stk.). Dieser Bestand liegt jedoch nur 34,16 Tage im Lager. Daher ist es zunächst notwendig, den Kapitalzinssatz (per anno) auf die durchschnittliche Lagerdauer umzurechnen. Die durchschnittlichen Lagerzinsen beziehen sich dann nur auf den Zeitraum der durchschnittlichen Lagerdauer (und nicht auf ein Jahr)!

d)

$$\text{Lagerzinssatz} = \frac{\text{Kapitalzinssatz x Durchschnittliche Lagerdauer}}{360} = \frac{\text{Kapitalzinssatz}}{\text{Umschlagshäufigkeit}} = 0,38 \%$$

$$\text{Lagerzinsen} = \frac{\text{Durchschnittlicher Lagerbestand x Einstandspreis x Lagerzinssatz}}{100} = 1,94 \text{ DM}$$

5. Folgende Lagerkosten werden unterschieden:

   a) Personalkosten:
   Für das im Lager arbeitende Personal entstehen Personalkosten, wie Löhne und Gehälter, gesetzliche Sozialkosten, freiwillige Sozialleistungen (z.B. Essenskostenzuschüsse, Fahrtkostenzuschüsse, betriebliche Altersversicherung).

   b) Sachkosten:
   • Kosten der Lagerräume und -einrichtungen

     – Raumkosten
       Für die Benutzung fremder Lagerräume fällt Miete an, für eigene Räume müssen diverse andere Kosten einkalkuliert werden, z.B. Abschreibungen für den Wertverlust, Verzinsung des in den Räumlichkeiten investierten Kapitals. Zusätzlich fallen Erhaltungskosten an, wie Reparaturkosten. Dazu kommen noch anteilige Steuerkosten (Grundsteuer) und Versicherungskosten.

     – Kosten der Lagereinrichtung
       Abschreibungskosten, Zinskosten, Reparaturkosten, Steuerkosten und Versicherungskosten. Zusätzlich fallen Energiekosten an.

- Kosten des Lagergutes

  - Lagerzinsen
    Die Lagerung von Gütern verursacht für den Betrieb deshalb Zinskosten, weil in den Lagervorräten Kapital gebunden ist. Die tatsächliche Höhe der Lagerzinsen hängt entscheidend von der Lagerdauer ab (siehe Lösung Aufgabe 2).

  - Risiko- und Versicherungskosten
    Abgesehen von Schwund, Verderb, Diebstahl oder Veralterung besteht das Hauptrisiko im Spannungsverhältnis von unsicherer Absatzerwartung einerseits und dem Zwang andererseits, eine Entscheidung über die Höhe der Lagerbestände treffen zu müssen. Versicherbare Risiken: Diebstahl, Einbruchdiebstahl, Veruntreuung oder Wasser- und Feuerschaden (= spezielle Risiken). Nicht versicherbare Risiken sind: Mengenverluste durch Schwund, Verderb und Qualitätseinbußen. Auch Preisrisiken sowie Risiken, die durch Änderung der Verbrauchergewohnheiten entstehen, können nicht versichert werden (= allgemeines Unternehmerrisiko).

  Zu hohe Lagerbestände und damit Lagerkosten führen zu einem hohen Kapitalbedarf (Investitionen in Lagerbestände binden Kapital) und zu hohen Lagerrisiken (z.B. durch Verderb, Schwund).

  Zu niedrige Lagerbestände hingegen führen zu hohen Bestell- und Transportkosten, da häufiger bestellt werden muß, sowie zu einem erhöhten Risiko bei der Produktions- und Lieferbereitschaft (siehe Lösung Aufgabe 4).

6. - Senkung des Mindestbestandes: Das gebundene Kapital sinkt; Das Risiko von Fehlmengenkosten bei Lieferverzögerungen steigt.
   - Synchronisation zwischen Einkauf und Produktion: Lagerbestand und damit gebundenes Kapital sinkt; Hohe Abhängigkeit vom Lieferanten.
   - Erhöhung der Bestellhäufigkeit: Durchschnittlicher Lagerbestand sinkt; Bestellkosten steigen (siehe Aufgabe 7).

7. a)

Anzahl der Bestellungen pro Jahr	Bestellmenge (Stück)	Bestellkosten (100,- DM/Bestellung) in DM	Lagerkosten (1,- DM/St.) in DM	Gesamtkosten in DM
1	10.000	100,00	10.000,00	10.100,00
2	5.000	200,00	5.000,00	5.200,00
3	3.333	300,00	3.333,00	3.633,00
4	2.500	400,00	2.500,00	2.900,00
5	2.000	500,00	2.000,00	2.500,00
6	1.667	600,00	1.667,00	2.267,00
7	1.429	700,00	1.429,00	2.129,00
8	1.250	800,00	1.250,00	2.050,00
9	1.111	900,00	1.111,00	2.011,00
10	1.000	1.000,00	1.000,00	2.000,00
11	909	1.100,00	909,00	2.009,00
12	833	1.200,00	833,00	2.033,00
⋮	⋮	⋮	⋮	⋮
20	500	2.000,00	500,00	2.500,00

Lösungen

7. b) Wird innerhalb eines Jahres die Beschaffung der Plastikschubleisten auf 10 Bestellungen verteilt, so sinken die Gesamtkosten als Summe von Lager- und Bestellkosten auf ein Minimum ("Optimale Bestellmenge"). Jede andere Bestellhäufigkeit führt zu höheren Gesamtkosten und ist daher negativ zu beurteilen.

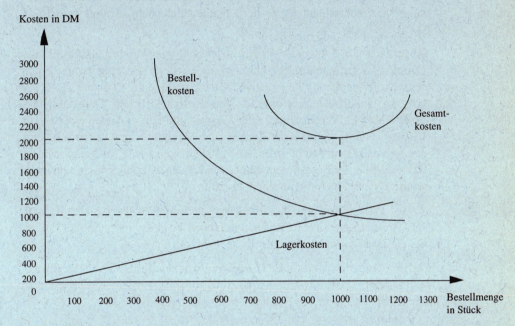

Erläuterung zur Grafik: Bei Zunahme der Bestellhäufigkeit sinkt die Bestellmenge pro Bestellung und umgekehrt. Eine hohe Bestellhäufigkeit verringert somit die Lagerkosten. Dem gegenüber steigen jedoch die Bestellkosten an. Die optimale Bestellmenge liegt also dort, wo die Summe der Bestell- und Lagerkosten am niedrigsten ist.

Kaufen oder Leasen?

1. Vorteile: Keine Kapitalbindung; höhere Liquidität; Leasing-Raten können in voller Höhe bei entsprechender Vertragsgestaltung steuerlich geltend gemacht werden.

   Nachteile: Langfristige Bindung an den Leasing-Vertrag, kein Eigentum; kein Wertansatz in der Bilanz.

2. Unter dem Restwert ist beim Leasing derjenige Wert zu verstehen, zu dem das Wirtschaftsgut vom Leasingnehmer am Ende des Vertrages erworben werden kann.

3.

Leasingausgaben	Polo 1	Polo 2	Audi A3	Gesamt
Anschaffungskosten (AK)	16.947,83 DM	16.947,83 DM	26.869,57 DM	60.765,23 DM
Leasing-Raten pro Monat	321,00 DM	321,00 DM	521,00 DM	1.163,00 DM
Leasing-Raten im Jahr	3.852,00 DM	3.852,00 DM	6.252,00 DM	13.956,00 DM
Leasing-Raten in 3 Jahren	11.556,00 DM	11.556,00 DM	18.756,00 DM	41.868,00 DM
Restwerte	8.627,00 DM	8.627,00 DM	13.092,00 DM	30.346,00 DM
Leasingausgaben	20.183,00 DM	20.183,00 DM	31.848,00 DM	72.214,00 DM

4.

Kapitaldienst	Polo 1	Polo 2	Audi A3	Gesamt
Anschaffungskosten	16.947,83 DM	16.947,83 DM	26.869,57 DM	60.765,23 DM
36 Kredit-Raten netto (ohne MWSt) á	410,78 DM	410,78 DM	704,35 DM	1.525,91 DM
20 % Anzahlung netto (ohne MWSt)	3.389,57 DM	3.389,57 DM	5.373,91 DM	12.153,05 DM
Kredit-Raten insgesamt	14.788,08 DM	14.788,08 DM	25.356,60 DM	54.932,76 DM
Kredit-Zahlungen insgesamt	18.177,65 DM	18.177,65 DM	30.730,51 DM	67.085,81 DM
Eigenkapitalverzinsung/Anzahlung	432,17 DM	432,17 DM	685,17 DM	1.549,51 DM
Kapitaldienst insgesamt	18.609,82 DM	18.609,82 DM	31.415,68 DM	68.635,32 DM
Fremdkapitaldienst pro Monat	504,93 DM	504,93 DM	853,63 DM	1.863,49 DM
Eigenkapitaldienst pro Monat	12,00 DM	12,00 DM	19,03 DM	43,03 DM
Kapitaldienst pro Monat	516,93 DM	516,93 DM	872,66 DM	1.906,52 DM

5.

Abschreibungen	Polo 1	Polo 2	Audi A3	Gesamt
Anschaffungskosten	16.947,83 DM	16.947,83 DM	26.869,57 DM	60.765,23 DM
AfA 1. Jahr	4.236,96 DM	4.236,96 DM	6.717,39 DM	15.191,31 DM
Restbuchwert 1	12.710,87 DM	12.710,87 DM	20.152,18 DM	45.573,92 DM
AfA 2. Jahr	4.236,96 DM	4.236,96 DM	6.717,39 DM	15.191,31 DM
Restbuchwert 2	8.473,91 DM	8.473,91 DM	13.434,79 DM	30.382,61 DM
AfA 3. Jahr	4.236,96 DM	4.236,96 DM	6.717,39 DM	15.191,31 DM
Restbuchwert 3	4.236,95 DM	4.236,95 DM	6.717,40 DM	15.191,30 DM
AfA 4. Jahr	4.236,95 DM	4.236,95 DM	6.717,40 DM	15.191,30 DM
Restbuchwert 4	0,00 DM	0,00 DM	0,00 DM	0,00 DM

6. Anschaffungskosten Gesamt   = 60.765,23 DM
   20 % Anzahlung   = 12.153,05 DM

   Zinsen = Kapital · Zinssatz · Jahre
          = 12.153,05 DM · 4,25 % · 3 Jahre   = 1.549,51 DM

7. Vergleich Barkauf - Leasing - Teilzahlungskauf

Barkauf	Polo 1	Polo 2	Audi A3	Gesamt
Anschaffungskosten	16.947,83 DM	16.947,83 DM	26.869,57 DM	60.765,23 DM

Leasing

	Polo 1	Polo 2	Audi A3	Gesamt
Leasing-Raten in 3 Jahren	11.556,00 DM	11.556,00 DM	18.756,00 DM	41.868,00 DM
Restwerte	8.627,00 DM	8.627,00 DM	13.092,00 DM	30.346,00 DM
Leasingausgaben	20.183,00 DM	20.183,00 DM	31.848,00 DM	72.214,00 DM

Teilzahlungskauf

	Polo 1	Polo 2	Audi A3	Gesamt
20 % Anzahlung	3.389,57 DM	3.389,57 DM	5.373,91 DM	12.153,05 DM
Kredit-Raten insgesamt ohne MWSt.	14.788,08 DM	14.788,08 DM	25.356,60 DM	54.932,76 DM
Kredit-Zahlungen insgesamt	18.177,65 DM	18.177,65 DM	30.730,51 DM	67.085,81 DM
Eigenkapitalverzinsung/Anzahlung	432,17 DM	432,17 DM	685,17 DM	1.549,51 DM
Kapitaldienst insgesamt	18.609,82 DM	18.609,82 DM	31.415,68 DM	68.635,32 DM
Vorteil Teilzahlungskauf/Leasing	1.573,18 DM	1.573,18 DM	432,32 DM	3.578,68 DM

Lösungen

8.

Kilometerabrechnung	Polo 1	Polo 2	Audi A3	Gesamt
Leasing-Raten pro Monat	321,00 DM	321,00 DM	521,00 DM	1.163,00 DM
Leasing-Raten im Jahr	3.852,00 DM	3.852,00 DM	6.252,00 DM	13.956,00 DM
Vereinbarte km	25.000	25.000	25.000	
Toleranzgrenze +/-	2.500	2.500	2.500	
Gefahrene km	16.345	22.500	28.490	
Mehrkilometer			3.490	
Minderkilometer	8.655	2.500		
Gut-/Lastschrift pro km	- 0,035 DM	0,00 DM	0,12 DM	
Gut-/Lastschrift insgesamt	- 302,93 DM	0,00 DM	418,80 DM	115,87 DM
Leasing-Kosten im Jahr	3.549,07 DM	3.852,00 DM	6.670,80 DM	14.071,87 DM
Leasing-Kosten pro Monat	295,76 DM	321,00 DM	555,90 DM	1.172,66 DM
Mehr-/Minderkosten im Jahr	- 302,93 DM	0,00 DM	418,80 DM	115,87 DM
Mehr-/Minderkosten pro Monat	- 25,24 DM	0,00 DM	34,90 DM	9,66 DM

9.

Vertragswechsel	Polo 1	Polo 2	Audi A3	Gesamt
Alte Verträge				
Leasing-Kosten im Jahr	3.549,07 DM	3.852,00 DM	6.670,80 DM	14.071,87 DM
Leasing-Kosten pro Monat	295,76 DM	321,00 DM	555,90 DM	1.172,66 DM
Neue Verträge				
Leasing-Raten pro Monat	291,00 DM	308,00 DM	540,00 DM	1.139,00 DM
Leasing-Raten im Jahr	3.492,00 DM	3.696,00 DM	6.480,00 DM	13.668,00 DM
Vereinbarte km	15.000	20.000	30.000	
Toleranzgrenze +/-	2.500	2.500	2.500	
Gefahrene km	16.345	22.500	28.490	
Mehrkilometer	1.345	2.500		
Minderkilometer			1.510	
Gut-/Lastschrift pro km	0,00 DM	0,00 DM	0,00 DM	
Gut-/Lastschrift insgesamt	0,00 DM	0,00 DM	0,00 DM	
Vorteil pro Jahr	57,07 DM	156,00 DM	190,80 DM	403,87 DM
Vorteil pro Monat	4,76 DM	13,00 DM	15,90 DM	33,66 DM

Im Wettbewerb

1. a) Angebotsoligopol (wenige Anbieter sind auf dem Markt)
   b) Angebotspolypol (viele Anbieter drängen sich auf dem Markt)
   c) Angebotsmonopol (ein Anbieter beherrscht den Markt)

2. Potential-Analyse oder Stärken-Schwächen-Profil. Es soll aufzeigen, wo die Stärken und Schwächen eines Unternehmens im Vergleich mit Wettbewerbern liegen.

3. Die Maßnahmen von Marketing und Vertrieb sind vorrangig. Im Vergleich mit dem Wettbewerb ist die Werbepräsenz schon recht hoch. Es gibt aber einen Rückstand, was die Kriterien Marktstärke, Lieferfähigkeit und Vertriebsnetz angeht. Auch die Präsenz der Produkte (im Handel) läßt noch zu wünschen übrig. Auf diese Punkte zielen die Maßnahmen von Marketing und Vertrieb.

4. Einführung, Wachstum, Reife, Sättigung, Degeneration.

5. Wenn ein Produkt dem Ende seiner Lebenskurve zugeht, läßt sein Ertrag und meist auch der Verkauf nach. Dann sollten rechtzeitig ein oder mehrere neue Produkte bereits erfolgreich auf dem Markt eingeführt sein, um dem Unternehmen weiter Gewinne zu ermöglichen und ihm seine Marktstellung zu bewahren.

6. Die Anforderungen der Anwender werden zunehmend größer, die Hardware (= EDV-Geräte) wird immer leistungsfähiger. Daran müssen sich Software-Produkte in immer kürzeren Abständen anpassen. Meist bleibt das Softwareprodukt vom Namen und in seinen Grundfunktionen gleich, wird aber in Neuversionen immer weiter verbessert und angepaßt.

7. USP = Unique Selling Proposition, deutsch: einzigartige Verkaufsmerkmale
   UMP = Unique Market Proposition, deutsch: einzigartige Marktmerkmale

   So benannt werden Qualitäts- und Leistungsmerkmale, die ein Unternehmen deutlich von anderen Wettbewerbern unterscheiden und ihm einen Wettbewerbsvorteil verschaffen, der so leicht nicht einzuholen ist.

   Ein USP kann zum Beispiel die überragende Bekanntheit eines Markennamens sein oder ein besonders gutes Verhältnis von Preis und Leistung (sehr preiswerte Ware).

   Ein UMP kann beispielsweise durch ein konkurrenzlos gutes Netz von Lieferanten und/oder einer besonders schnellen Verfügbarkeit der Ware gegeben sein.

8. PR = Public relations; wörtlich: "öffentliche Beziehungen", Öffentlichkeitsarbeit.

Grundsätzlich wirkt Werbung unmittelbar auf den möglichen Kunden ein, um ihn zu motivieren, ein bestimmtes Produkt zu kaufen oder etwa eine Dienstleistung des werbenden Unternehmens in Anspruch zu nehmen.

PR dagegen umfaßt alle diejenigen Maßnahmen, mit denen sich ein Unternehmen mit seinen Leistungen in der Öffentlichkeit darstellt. Die Formen der PR sind vielfältig. Dazu gehören u. a.

- Redaktionelle Presseberichte über neue Produkte, technische oder qualitative Verbesserungen,
- Tage der offenen Tür für Geschäftspartner und Kunden,
- Pressegespräche, Pressekonferenzen,
- Sponsoring: Unterstützung einer wohltätigen, kulturellen oder sportlichen Veranstaltung.

Quergeschrieben

1. Derselbe Wechsel, der für den Aussteller ein Besitzwechsel ist, ist für den Bezogenen (= Schuldner) ein Schuldwechsel. Es sind somit grundsätzlich zwei Wechselarten zu unterscheiden: Der Besitzwechsel verkörpert eine Wechselforderung des Gläubigers, da er durch den Wechsel ein Zahlungsversprechen besitzt. Der Schuldwechsel stellt eine Zahlungsverpflichtung dar, die entsprechend den wechselrechtlichen Vorschriften am Verfalltag zu zahlen ist.

2. Der Aussteller kann das Akzept alternativ verwenden:
   - Er bewahrt das Akzept bis zum Verfalltag auf, um es dann seinem Schuldner zu präsentieren bzw.
   - er gibt es seiner Bank zum Einzug (Inkasso);
   - er gibt das Akzept vor dem Verfalltag zum Ausgleich einer eigenen Verbindlichkeit weiter (Indossierung); oder
   - der Aussteller reicht den Wechsel vor dem Verfalltag bei einer Bank ein, um vorzeitig ans Geld zu kommen (Diskontierung).

3. Ausgefülltes Wechselformular

4. $$\text{Diskont} = \frac{\text{Wechselsumme} \cdot \text{Diskontsatz} \cdot \text{Diskonttage}}{100 \cdot 360}$$

       Wechselsumme
   − Diskont
   _____
   = Barwert
   − Auslagen
   _____
   = Gutschrift

5. Neben dem Diskont wird jeder Aussteller dem Bezogenen auch seine verauslagten Spesen (wie z.B. Porto) in Rechnung stellen. Diskont und Spesen sind umsatzsteuerpflichtig!

Wenn der Besitzwechsel bei der Bank vor dem Verfalltag eingereicht wird, um sich den Barwert (minus Spesen) auszahlen zu lassen, so sprechen wir von Diskontierung. Diskont und Spesen der Bank unterliegen nicht der Umsatzbesteuerung! Die Abrechnung der Bank sieht schematisch so aus wie in Lösung 4 dargestellt wurde.

6.

Diskontberechnung der Fashion International - gute Bonität

Wechselsumme	Diskontsatz	Laufzeit/Tg.	Diskont	USt	Rechnungsbetrag
11.385,00 DM	10,50 %	90	298,86 DM	44,83 DM	343,69 DM

Diskontberechnung der Fashion International - schlechte Bonität

Wechselsumme	Diskontsatz	Laufzeit/Tg.	Diskont	USt	Rechnungsbetrag
11.385,00 DM	13,25 %	90	377,13 DM	56,57 DM	433,70 DM

7.

Diskontberechnung der Bank - gute Bonität

Wechselsumme	Diskontsatz	Laufzeit/Tg.	Diskont	Barwert	Spesen	Gutschrift
11.385,00 DM	8,50 %	84	225,80 DM	11.159,20 DM	34,50 DM	11.124,70 DM

Diskontberechnung der Bank - schlechte Bonität

Wechselsumme	Diskontsatz	Laufzeit/Tg.	Diskont	Barwert	Spesen	Gutschrift
11.385,00 DM	11,25 %	84	298,86 DM	11.086,14 DM	34,50 DM	11.051,64 DM

8. Journalbuchungen

Soll-Konto	Soll-Betrag	Haben-Konto	Haben-Betrag
Besitzwechsel	11.385,00 DM		
		Umsatzerlöse	9.900,00 DM
		Umsatzsteuer	1.485,00 DM
Forderungen	433,70 DM		
		Diskonterträge	377,13 DM
		Umsatzsteuer	56,57 DM

Lösungen 151

9.
$$\text{Diskontzahl} = \frac{\text{Wechselsumme} \cdot \text{Tage}}{100}$$

$$\text{Diskontteiler} = \frac{360}{\text{Diskontsatz}}$$

$$\text{Diskont} = \frac{\text{Diskontzahl}}{\text{Diskontteiler}}$$

10. Diskontzahl und -teiler sind mathematische Hilfsmittel, die dazu gebraucht werden, um bei mehreren Wechseln und im Falle, daß diese verschiedene Diskontsätze und unterschiedliche Laufzeiten haben, Barwerte und Diskontbeträge schneller und bequemer zu berechnen.

Heute und besonders dann, wenn Kalkulationsprogramme zum Einsatz kommen, ist die Rechengeschwindigkeit wesentlich höher und man kann gleich – wie folgt dargestellt – alles direkt berechnen.

11. Diskontierung mehrerer Wechsel

Wechsel	Wechselsumme	Diskontsatz	Laufzeit/Tg.	Diskont	Barwert
A	1.540,00 DM	8,00 %	80	27,38 DM	1.512,62 DM
B	8.735,00 DM	8,50 %	65	134,06 DM	8.600,94 DM
C	6.211,00 DM	8,50 %	70	102,65 DM	6.108,35 DM
D	5.799,00 DM	8,00 %	42	54,12 DM	5.744,88 DM
E	1.289,00 DM	8,00 %	55	15,75 DM	1.273,25 DM
F	5.723,00 DM	8,00 %	73	92,84 DM	5.630,16 DM
Summe	29.297,00 DM			426,81 DM	28.870,19 DM

12. Buchungssätze

a) Zahlung sofort mit Wechsel:

Soll-Konto	Haben-Konto
Wareneingang	
Vorsteuer	
	Schuldwechsel

b) Zahlung später mit Wechsel:

Soll-Konto	Haben-Konto
Verbindlichkeiten	
	Schuldwechsel

Abgemacht

1. Ein Kaufvertrag ist zustande gekommen. Ein Kaufvertrag kommt grundsätzlich durch zwei übereinstimmende Willenserklärungen zustande (§ 145 BGB: "Wer einem anderen die Schließung eines Vertrags anträgt, ist an den Antrag gebunden [...]"). Die Grundlage des hier vorliegenden Vertrages ist das Angebot der Firma Berger und die Bestellung der Heinz Schlau OHG. Die Anfrage der Firma Schlau hingegen ist keine Vertragsgrundlage, da eine Anfrage generell unverbindlich ist. Sie hat keine rechtliche Wirkung, denn schließlich stellt sie keine Willenserklärung im rechtlichen Sinne dar; sie ist lediglich die Aufforderung zur Abgabe einer Willenserklärung.

   Die Bindung des Antragstellers beginnt erst mit dem Augenblick, in dem der Antrag dem Partner zugegangen ist; es ist eine empfangsbedürftige Willenserklärung (§ 130 BGB). Der Antragsteller macht den gesamten Antrag oder auch Teile davon unverbindlich, indem er sogenannte Freizeichnungsklauseln einfügt. In § 147 II BGB heißt es, daß eine Bindungsfrist bei Angeboten unter Abwesenden für den Anbieter solange besteht, bis er unter regelmäßigen Umständen mit dem Eingang der Antwort (z.B. einer Bestellung) rechnen kann. Dabei sind sowohl die Beförderungsdauer von Antrag und Annahme sowie die Überlegungsfrist des Käufers zu berücksichtigen. Der Empfänger des Angebots muß unverzüglich, d.h. ohne schuldhaftes Verzögern, antworten. Um diese Befristungszeit etwas konkreter zu fassen, sagt der Gesetzgeber, daß ein Angebot mit einem gleich schnellen Nachrichtenmittel angenommen werden muß, wie es abgegeben wurde (siehe auch die Ausnahmen unter § 147 I BGB, § 148 BGB). Im konkreten Fall kann die Übermittlungszeit von Antrag und Annahme mit jeweils zwei Tagen (Postweg), die Entscheidungsdauer des Käufers mit 3 Tagen angesetzt werden. Die Annahme sollte somit spätestens am 28.06.97 bei der Firma Berger eingehen.

2. Ein Antrag gilt nur als solcher, wenn er an eine bestimmte Person gerichtet ist. Da Anfragen der Natur nach an diverse Lieferanten gerichtet werden, stellen sie lediglich eine Aufforderung zur Abgabe eines Antrages dar. Darüber hinaus ist die Anfrage keine Willenserklärung zum Abschluß eines Kaufvertrages, sondern eine Aufforderung zur Abgabe eines Angebotes.

3. a) Angebot und Bestellung,
   b) Bestellung und Auftragsbestätigung,
   c) Bestellung und sofortige Lieferung,
   d) Zusendung unbestellter Ware und Stillschweigen (wenn eine bestehende Geschäftsverbindung besteht),
   e) Zusendung unbestellter Ware und Zahlung bzw. Verbrauch.

4. Angebote kann man unterscheiden in Angebote ohne die rechtliche Bindung ausschließende Klauseln, sogenannte verbindliche Angebote, und Angebote mit ganz oder teilweise eingeschränkter Bindung, sogenannte unverbindliche Angebote. Letztere Angebote enthalten Freizeichnungsklauseln, wie z.B. "ohne Obligo", "freibleibend", "unverbindlich", "Lieferung solange Vorrat reicht", "Preis freibleibend". Durch solche Freizeichnungsklauseln entfällt die rechtliche Bindung des Anbietenden und das Angebot stellt keinen Antrag dar (§ 145 BGB). Da das Angebot der Firma M. Berger keine Freizeichnungsklauseln enthält und da es an eine konkrete Person gerichtet ist, handelt es sich um ein verbindliches Angebot.

5. Da es sich bei der Bestellung der Heinz Schlau OHG um eine verbindliche Annahmeerklärung handelt, ist sie an ihre Bestellung gebunden. Anders läge der Fall, wenn die Angaben der Bestellung von denen des Angebots abweichen würden; in diesem Fall wäre die Bestellung ein erneuter Antrag (§ 150 BGB). Die Bestellung kann nur widerrufen werden, wenn der Widerruf vor bzw. spätestens mit der Bestellung beim Empfänger eingeht (siehe § 130 BGB). In der Praxis ist ein telefonischer Widerruf daher angebracht.

6. Durch das Zustandekommen des Kaufvertrages gehen beide Vertragspartner eine Verpflichtung ein. Der Verkäufer verpflichtet sich, die verkaufte Sache zum vereinbarten Preis ordnungsgemäß zu liefern und der Käufer verpflichtet sich, die gekaufte Sache abzunehmen und zu bezahlen (§ 433 BGB). Zu beachten ist, daß mit dem Vertragsabschluß keine Eigentumsübertragung stattfindet. Dem Verpflichtungsgeschäft muß nun das Erfüllungsgeschäft folgen. Kommen die Vertragspartner ihren Verpflichtungen ordnungsgemäß nach, so ist der Kaufvertrag als erfüllt anzusehen.

7. Nach § 269 BGB sind Warenschulden im Zweifel Holschulden, d.h. der Käufer muß sich die Ware beim Verkäufer zum vereinbarten Termin abholen. Der Käufer trägt in diesem Fall auch das Transportrisiko. In unserem Fall wurde jedoch durch die Bestellung eine Lieferung zum Geschäftssitz des Käufers vereinbart, da im Angebot der Firma Berger eine Lieferung "frei Haus" angeboten wurde. Erfüllungsort für die Ware ist somit das Geschäftslokal des Käufers und die Warenschuld wird zur Bringschuld. Im Juristendeutsch spricht man von einem sogenannten "Fernkauf".

8. Der Zahlungsschuldner hat das geschuldete Geld im Zweifel auf seine Gefahr und seine Kosten dem Gläubiger an dessen Wohn- oder Geschäftssitz zu übermitteln. Diese Sonderregelung ergibt sich aus § 270 I, II BGB, wonach Geldschulden Schickschulden sind. Diese Verpflichtung gilt als erfüllt, wenn der Geldschuldner einen Überweisungsauftrag rechtzeitig seinem Geldinstitut übergeben hat. Bei Zahlungsterminen gilt der Stempel der Überweisung. Die Geldschuld gilt jedoch erst dann als voll erfüllt, wenn der Gläubiger den angewiesenen Betrag auch erhalten hat. (So wäre man der Zahlungsverpflichtung nicht nachgekommen, wenn das entsprechende Bankkonto nicht die nötige Deckung aufweist.) Bei inkassoberechtigten Transporteuren kann die Geldschuld durch Barzahlung bei Lieferung ausgeglichen werden.

Lösungen 155

9. Ist im Angebot nichts anderes gesagt und wird das Angebot unverändert angenommen, trägt der Käufer Aufwendungen für die Versandverpackung.

10. a) Da die Anfrage keine Grundlage für einen Kaufvertrag ist, übersendet die Firma die Ware ohne rechtliche Grundlage. Es handelt sich also um die Versendung unbestellter Ware. In einem solchen Fall stellt die Lieferung rechtlich ein verbindliches Angebot, also einen Antrag an den Warenempfänger dar. Ein Kaufvertrag kommt nur dann zustande, wenn der Käufer den Kaufpreis zahlt oder die unbestellte Ware verbraucht, bearbeitet oder in Gebrauch nimmt ("schlüssiges Handeln"). Im vorliegenden Fall würde ein Schweigen Ablehnung bedeuten. Die Firma Schlau dürfte das Material jedoch nicht verbrauchen. In der Praxis würde der Firma Berger der Sachverhalt schriftlich mitgeteilt und die Abholung der unbestellt zugesandten Ware angeboten. Würde hingegen das Angebot als günstig empfunden, so könnte die Heinz Schlau OHG es verarbeiten. Diese Reaktion käme einer Annahme gleich und ein Kaufvertrag wäre abgeschlossen.

b) Der Grundsatz, daß Schweigen auf einen Antrag grundsätzlich als Ablehnung zu werten ist, wird in diesem Fall durchbrochen. Dies gilt allerdings nur für den Fall, daß eine bestehende Geschäftsbeziehung zwischen beiden Partnern vorliegt. Die Heinz Schlau OHG müßte also innerhalb einer angemessenen Frist die Ablehnung des Antrags kundtun. Unterläßt sie dies, kommt auch durch Stillschweigen ein Kaufvertrag zustande.

11. Ein Angebot ohne rechtliche Bindung müßte sogenannte Freizeichnungsklauseln enthalten. So könnte die Firma Berger z.B. formulieren: "Das vorstehende Angebot ist unverbindlich/freibleibend.", "...Lieferung nur, solange Vorrat reicht...", "...Preisveränderungen vorbehalten...", "Angaben ohne Obligo...".

12. Da die Auftragsbestätigung inhaltlich von der Bestellung abweicht (der Preis für das Material stimmt nicht überein), kommt kein Kaufvertrag zustande. Der Käufer kann nicht auf Lieferung der Ware zu den Bedingungen bestehen, der Lieferant hingegen auch nicht auf Zahlung des höheren Kaufpreises bei erfolgter Lieferung.

Folgt eine inhaltlich erweiterte Auftragsbestätigung auf einen bereits abgeschlossenen Kaufvertrag, so gilt: Schiebt der Lieferant in seiner Auftragsbestätigung Vertragspunkte nach, die in Antrag und Annahme noch nicht geregelt waren, so muß der Käufer unverzüglich widersprechen, wenn er nicht einverstanden ist. Ohne Widerspruch besteht die Rechtsvermutung der Richtigkeit und Vollständigkeit.

13. Eine Bestellungsannahme hat nur dann rechtliche Folgen, wenn der Kunde ohne vorheriges Angebot bestellt. In diesem Fall wäre die Auftragsbestätigung die Annahme des Antrags. Dasselbe gilt, wenn das abgegebene Angebot freibleibend war oder die Bestellung verspätet vorgenommen wurde. Durch eine Lieferung der Ware kann

die Auftragsbestätigung jedoch ersetzt werden, da dann der Warenzugang die Antragsannahme darstellt. Trotzdem verwenden Lieferanten in der Praxis gerne Bestellungsannahmen, z.B. um Mißverständnissen des Vertragsabschlusses vorzubeugen, einen Dank auszudrücken, etc.

Lieferung mangelhaft

1. Zur Kontrolle des Wareneingangs benötigt man die Warenbegleitpapiere (Frachtbriefe, Ladeschein), die Papiere des Lieferanten (Lieferschein, ggf. Rechnung) und die Bestellunterlagen (Kopie der Bestellung). Die Warenbegleitpapiere dokumentieren, welche Waren in welchem Umfang angeliefert werden (schriftlicher Nachweis). Zur Kontrolle, ob es sich um die tatsächlich bestellte Ware handelt, wird der Inhalt der Bestellung mit denen des Lieferscheines verglichen (Art, Menge, Verpackung).

2. Ist der Warensendung von vornherein anzusehen, daß sie beschädigt oder unvollständig ist, kann der Käufer die Abnahme verweigern und vom Überbringer eine Bestätigung des Mangels verlangen ("Tatbestandsmeldung"). Eine Bestätigung wäre auch dann erforderlich, wenn der Käufer die Ware trotz erkennbarer äußerlicher Schäden annimmt, um seine Rechte aus der Mängelrüge geltend zu machen.

3. Beim zweiseitigen Handelskauf muß der Käufer unverzüglich (d.h. ohne schuldhafte Verzögerung) nach der Annahme die Ware prüfen und festgestellte Mängel unverzüglich rügen. Die Prüfung erstreckt sich auf die Art, die Menge, die Güte und die Beschaffenheit der Ware.

    Als Privatmann müßte der Kunde die Ware nicht unverzüglich prüfen und Fehler rügen. In einem derartigen Fall gewährt der Gesetzgeber für die Prüfung der Ware und für eine entsprechende Rüge einen Zeitraum von 6 Monaten.

4. Bei Lieferungen mit großem Umfang kann auf die Prüfung jedes einzelnen Stückes verzichtet werden. Stichproben genügen. Treten später Mängel auf, die trotz der stichprobenartigen Prüfung nicht entdeckt wurden, liegen versteckte Mängel vor.

5. Im Hinblick auf ihre Erkennbarkeit werden Mängel unterschieden in offene und versteckte Mängel. Um offene Mängel handelt es sich dann, wenn der Mangel bei der Übergabe der Ware offensichtlich erkennbar ist. Im Fallbeispiel läge dann ein offener Mangel vor, wenn durch einen Transportschaden ein Karton so stark beschädigt wäre, daß auch die beinhalteten Hölzer verkratzt bzw. zerbrochen wären. Ein versteckter Mangel liegt hingegen vor, wenn der Mangel trotz gewissenhafter Prüfung durch den Kaufmann nicht erkennbar ist. Bezogen auf das Beispiel wäre denkbar, daß sich das Furnier bei der Verarbeitung löst, weil es nicht richtig auf die Holzplatten aufgebracht wurde. Ein arglistig verschwiegener Mangel liegt vor, wenn der Verkäufer verdeckte Mängel absichtlich gegenüber dem Käufer verheimlicht. Wüßte also der Hersteller der Hölzer über die fehlerhafte Furnierung Bescheid und würde er sie trotzdem an die Schlau OHG liefern, so kann ein arglistig verschwiegener Mangel unterstellt werden.

6. Es existieren folgende Mängelarten: Qualitätsmängel (Sachmängel), Quantitätsmängel (Fehler in der Menge) und Gattungsmängel (Artmängel). Stellt Herr Kaiser

fest, daß einige Furniere verkratzt sind, daß das Holz falsche Maße oder falsche Zusammensetzungen aufweist, oder daß die Furnierung nicht schwarz sondern grau ist, dann liegt ein Qualitätsmangel vor. Wird hingegen festgestellt, daß in jedem Karton nicht 50 m² sondern lediglich 40 m² enthalten sind, so liegt ein Quantitätsmangel vor. Handelt es sich bei dem gelieferten Holz nicht um Span- sondern um Sperrholzplatten, so liegt hingegen ein Gattungsmangel vor.

7. Die Sachmängel werden in § 459 BGB genannt: "Der Verkäufer einer Sache haftet dem Käufer dafür, daß sie zu der Zeit, zu welcher die Gefahr auf den Käufer übergeht, nicht mit Fehlern behaftet ist, die den Wert oder die Tauglichkeit zu dem gewöhnlichen oder nach dem Vertrage vorausgesetzten Gebrauch aufheben oder mindern." Unerhebliche Minderungen werden explizit ausgeschlossen. Quantitäts- und Artmängel werden hingegen nicht im BGB beschrieben und sind daher keine Mängel im Sinne des Gesetzes.

Einen Hinweis auf Quantitätsfehler findet man lediglich im § 378 HGB. Mehr- oder Minderlieferungen sind keine Mängel im engeren Sinne, sondern müssen vom Kaufmann entsprechend § 378 HGB als Mengenfehler gerügt werden. Auch der Artmangel zählt nicht zu den Mängeln im engeren Sinne, denn schließlich ist die gelieferte Ware in einwandfreiem Zustand, es wurde lediglich die falsche Ware geliefert. Weicht die Ware dabei so erheblich von der bestellten Ware ab, liegt vielmehr kein Mangel sondern unter Umständen ein Lieferungsverzug vor.

8. Der Käufer hat bei mangelhafter Lieferung folgende Rechte: Wandelung, Minderung, Ersatzlieferung, Schadenersatz wegen Nichterfüllung.

Nach § 462 BGB hat der Käufer das Recht auf Wandelung bzw. Minderung. Unter Wandelung versteht man dabei die Rückgängigmachung des Kaufvertrages, d.h. der Käufer muß die bereits erhaltene Ware zurückgeben und der Verkäufer muß den bereits erhaltenen Kaufpreis zurückzahlen. Unter einer Minderung versteht man die Herabsetzung des Kaufpreises (Preisnachlaß). Dieses Recht wird unter Umständen dann in Anspruch genommen, wenn die mangelhafte Ware trotzdem verwendet werden kann.

Entsprechend § 467 a BGB kann an die Stelle der Wandelung bzw. Minderung das Recht auf Nachbesserung treten. Nach § 480 BGB ist das Recht der Ersatzlieferung geregelt. Wenn der Käufer nur eine der Gattung nach bestimmte Sache gekauft hat, so kann er statt der Wandelung oder Minderung anstelle der mangelhaften Sache die Lieferung einer mangelhaften Sache verlangen. Unter Gattungsware versteht man Dinge, die durch andere vertretbar sind; der Kaufgegenstand ist nur allgemein z.B. nach dem Typ bestimmt und kann durch eine gleichartige Sache vertreten werden (z.B. Kauf des VW Golf GTI). Beim sogenannten Stückkauf ist die Ersatzlieferung naturgemäß nicht möglich, da Stückware nicht vertretbar ist (z.B. das Originalgemälde eines Künstlers).

In § 463 BGB ist der Schadenersatz wegen Nichterfüllung konkretisiert. Durch die Wandelung bzw. die Minderung wird lediglich das Mißverhältnis zwischen dem Wert der Kaufsache und dem vereinbarten Kaufpreis beseitigt. Durch eine mangelhafte Lieferung können dem Käufer jedoch noch weitere Schäden entstehen. Im konkreten Fall wäre beispielsweise denkbar, daß das gelieferte Holz einen versteckten Mangel hatte, der erst von den Käufern des fertiggestellten Regals entdeckt wird. Die Käufer des Regals werden ihrerseits ihre Rechte gegenüber der Heinz Schlau OHG geltend machen, so daß eine Gewinneinbuße entsteht. Eine Schadenersatzforderung ist jedoch nur möglich, wenn der Ware eine zugesicherte Eigenschaft fehlt oder wenn der Verkäufer den Fehler arglistig verschwiegen hat (§ 480 (2) BGB).

9. Das Verlangen auf Wandelung oder Minderung ist eine einseitig empfangsbedürftige (an den Verkäufer gerichtete) Willenserklärung, also ein Vertragsantrag. Die Wandelung bzw. die Minderung ist erst dann vollzogen, wenn sich der Verkäufer mit ihr einverstanden erklärt (§ 465 BGB). Ist der Verkäufer nicht freiwillig zum Abschluß des Vertrages bereit, nimmt er also den Vertragsantrag des Käufers nicht an, so kann der Käufer sofort auf Leistung klagen oder die Einwendung (z.B. das Erlöschen des Kaufpreisanspruches) unmittelbar erheben.

10. In § 477 BGB ist die Verjährung von Gewährleistungsansprüchen geregelt. Unter Verjährung versteht man den Ablauf der Frist, innerhalb der ein rechtlicher Anspruch erfolgreich gerichtlich geltend gemacht werden kann. Die gesetzliche Verjährungsdauer beträgt demnach bei beweglichen Sachen 6 Monate von der Ablieferung an gerechnet. Achtung: Die Verjährungsfrist kann bei Kaufverträgen verkürzt oder verlängert werden. Bei arglistig verschwiegenen Mängeln weitet sich die Gewährleistungsdauer jedoch generell auf 30 Jahre aus. Im genannten Beispiel reicht die Gewährleistungsfrist somit bis zum 09.01.98 (0 Uhr). Sowohl beim einseitigen als auch beim bürgerlichen Kauf kann der Käufer zu jeder Zeit innerhalb der Gewährleistungsfrist seine Ansprüche gegenüber dem Verkäufer geltend machen. Dabei ist es unerheblich, ob es sich um einen offenen oder versteckten Mangel handelt.

Beim zweiseitigen Handelskauf hingegen unterliegt der Käufer der sogenannten "strengen Rügepflicht" (§ 377 HGB). So ist der Kaufmann verpflichtet, seine Gewährleistungsansprüche grunsätzlich in Form einer Mängelrüge anzumelden (§ 378 HGB). Neben der Prüfungspflicht, nach der die Ware unverzüglich nach Ablieferung auf Mängel hin zu untersuchen ist, unterliegt der Käufer auch der unverzüglichen Rügepflicht. D. h. er muß auftretende Mängel unverzüglich dem Verkäufer anzeigen, Unterläßt der Käufer die Mängelanzeige, gilt die Lieferung als genehmigt, es sei denn, es handelt sich um versteckte Mängel. Die Rügepflicht entfällt nur dann, wenn die gelieferte Ware offensichtlich so erheblich von der Bestellung abweicht, daß der Verkäufer nicht damit rechnen kann, daß der Käufer die falsch gelieferte Ware genehmigt (§ 378 HGB).

11. a) Wenn die Heinz Schlau OHG die Minderlieferung von 50 m² nicht ordnungsgemäß rügt, gilt die Lieferung als genehmigt. Die Rechte aufgrund mangelhafter Lieferung, so z.B. das Bestehen auf Nachlieferung der Fehlmenge, können nicht mehr in Anspruch genommen werden. Da die Minderlieferung auch im Lieferschein ersichtlich ist, reduziert sich die Zahlungsschuld gegenüber dem Verkäufer auf die 2.700 m² Holz. Die Verbindlichkeit gegenüber der Firma Berger beträgt 6.609,60 DM.

b) Da die Minderlieferung nicht offen durch Belege dokumentiert ist (der Lieferschein weist 2.750 m² aus), muß die Heinz Schlau OHG, weil sie die Minderlieferung nicht anzeigte, den vereinbarten Preis für 2.750 m² Holz bezahlen, also 6.732,- DM.

c) Da die Heinz Schlau OHG die Mehrlieferung nicht gerügt hat, gilt dieses Verhalten als Annahme ("Schweigen bedeutet Zustimmung"). In diesem Fall ist auch der höhere Preis 6.854,40 DM gerechtfertigt und muß durch die Heinz Schlau OHG bezahlt werden.

Wer zu spät kommt

1. Voraussetzungen für den Lieferungsverzug sind:
   - Die Lieferung muß fällig sein (§ 271 BGB),
   - ein Verschulden des Lieferers muß vorliegen (§ 286 BGB, gilt nicht bei einem Gattungsgut),
   - der Käufer muß die Lieferung nach Fälligkeit durch Mahnung anfordern (§ 284 BGB).

2. Wurde im Kaufvertrag explizit keine Lieferzeit vereinbart, so muß der Lieferant unverzüglich, d.h. abhängig von der Natur des Schuldverhältnisses liefern.

3. Eine Mahnung durch den Kunden ist nicht nötig, wenn die Lieferzeit kalendermäßig bestimmt (z.B. Lieferung am 13.08.19..) oder kalendermäßig genau bestimmbar (z.B. Lieferung Ende Mai, Lieferung im Laufe des Monats August) ist. Der Lieferant gerät mit dem Eintritt der Fälligkeit "automatisch" in Verzug (§ 284 II, 1 BGB).

   Ist hingegen der Lieferzeitpunkt nicht genau kalendermäßig bestimmt bzw. bestimmbar (z.B. "sofortige Lieferung", "ab September diesen Jahres", "sobald wie möglich"), muß der Kunde den Lieferanten durch eine Mahnung in Lieferungsverzug setzen.

   Eine Pflicht zur Mahnung entfällt ebenfalls, wenn der Lieferant selbst erklärt, daß er nicht liefern kann oder will ("Selbstinverzugsetzung") oder wenn er angibt, daß er erst zu einem späteren als dem vereinbarten Liefertermin liefern wird (§ 242 BGB). Ist offensichtlich, daß die vereinbarte Leistung lediglich zu einem bestimmten Zeitpunkt sinnvoll ist (z.B. Hochzeitstorte zur Hochzeit, Weihnachtsmänner zu Weihnachten), dann liegt ein sogenannter Zweckkauf vor. Auch in einem derartigen Fall ist eine Mahnung nicht erforderlich.

4. Ohne Nachfristsetzung kann der Käufer auf die Erfüllung des Kaufvertrages bestehen, d.h. die Lieferung fordern. Außer der nachträglichen Lieferung hat der Käufer darüber hinaus das Recht, sofort nach Eintritt des Verzugs zusätzlich den Ersatz eines durch die verzögerte Lieferung entstandenen Schadens zu verlangen (z.B. Verzugs-, Verspätungsschäden).

   Will der Käufer die Lieferung ablehnen, so muß er in jedem Fall dem Lieferanten eine angemessene Nachfrist setzen und androhen, die Leistung nach Ablauf der Frist nicht mehr anzunehmen. Ist auch diese Nachfrist ohne erfolgte Lieferung verstrichen, so kann der Kunde vom Kaufvertrag zurücktreten oder Schadenersatz wegen Nichterfüllung verlangen. Den Schadenersatz wegen Nichterfüllung kann der Käufer auch zusätzlich zu dem bis dahin entstandenen Verzugsschaden fordern, wenn er später vom Erfüllungsverlangen abgeht.

5. Tätigt der Kunde nach Ablauf der Nachfrist einen sogenannten Deckungskauf, d.h. beschafft er sich die Ware bei einem anderen Lieferanten, so kann der Kaufpreis über dem mit dem säumigen Lieferanten vereinbarten Preis liegen. In diesem Fall ist der Schaden konkret nachweisbar, denn er ergibt sich aus dem Unterschiedsbetrag zwischen dem Preis der Deckungsware und dem mit dem säumigen Lieferanten vereinbarten Preis. Etwaige zusätzlich angefallene Kosten im Zusammenhang mit der Mahnung (z.B. Porti, Telefonkosten, Rechtsanwaltskosten) können ebenfalls als Schadensersatz verlangt werden. Kommt der Kunde durch die Lieferverzögerung selbst in einen Lieferungsverzug, der z.B. durch eine Konventionalstrafe abgesichert ist, so muß der säumige Lieferant auch diesen konkreten Schaden übernehmen.

Neben diesem konkreten Schaden können jedoch auch nicht berechenbare Schäden im Zusammenhang mit der Lieferverzögerung auftreten. Ein Beispiel für diesen abstrakten Schaden wäre z.B. der entgangene Gewinn aufgrund von Erfahrungswerten.

6. Nach §§ 284, 285 BGB liegt dann ein Lieferungsverzug vor, wenn

   a) die Lieferung fällig ist,
   b) die Lieferung nach Fälligkeit angemahnt wurde (gilt nur, wenn der Liefertermin nicht kalendermäßig bestimmt werden kann, ein Fixkauf vorliegt oder der Lieferer sich selbst in Verzug setzt); die Mahnung muß keine Fristsetzung enthalten,
   c) der Lieferer die Lieferung schuldhaft unterlassen hat (gilt nicht bei Gattungsware).

   Im vorliegenden Fall befindet sich die Firma Berger am 14.07.97 noch nicht im Lieferungsverzug. Die Aussage "...bestellen wir zur sofortigen Lieferung" stellt einen kalendermäßig nicht genau bestimmten oder bestimmbaren Zeitpunkt dar und eine Mahnung wäre notwendig, um den Lieferanten in Verzug zu setzen. Im Bestelltext geht es jedoch weiter mit "...spätestens jedoch innerhalb 4 Wochen". Damit ist die Leistungszeit kalendermäßig bestimmbar und die Firma Berger gerät mit dem 23.07.97 ohne eine Mahnung durch die Heinz Schlau OHG in Lieferungsverzug. Im übrigen kann eine Mahnung erst bei oder nach der Fälligkeit der Leistung erfolgen (§ 284 I, 1 BGB). Eine vorsorgliche Mahnung ist rechtsunwirksam.

7. Wie unter 6. erläutert befindet sich die Firma Berger ab dem 23.07.97 ohne das Aussprechen einer besonderen Mahnung in Lieferungsverzug. Der Käufer kann auf die Erfüllung der Leistung des Erfüllungsgeschäftes bestehen und ggf. den Ersatz eines konkret eingetretenen Schadens (Verzugsschaden, § 286 BGB) verlangen. Diese Rechte kann er sofort geltend machen, ohne eine Nachfrist zu setzen. Möchte der Käufer hingegen vom Kaufvertrag zurücktreten (§ 326 BGB) oder Schadenersatz wegen Nichterfüllung verlangen, muß er dem säumigen Lieferer zunächst eine angemessene Nachfrist setzen. Die Nachfristsetzung kann gleichzeitig mit der Mahnung ausgesprochen werden, die den Lieferanten in Verzug setzt. In der Nachfristsetzung muß der Käufer androhen, die Leistung nach Ablauf der Frist nicht mehr anzunehmen. Ist auch die Nachfrist abgelaufen, kann die Firma Heinz Schlau OHG die Lieferung (z.B. wenn in der Zwischenzeit auf einen günstigeren Lieferanten zurück-

gegriffen werden kann) ablehnen oder einen Deckungskauf tätigen. Die Nachfristsetzung entfällt beim Zweckkauf (§ 326, 2 BGB), Fixkauf (§ 376 HGB) und Erklärung der Nichtleistung durch den Lieferanten.

8. Der Text des Schreibens vom 24.07.97 könnte lauten: "Sehr geehrte Damen und Herren, obwohl Sie uns in Ihrem Angebot die sofortige Lieferung der von uns bestellten Artikel zusagten, sind Sie dieser Verpflichtung nicht nachgekommen. In unserer Bestellung haben wir Ihnen als spätesten Lieferungstermin den 23.07.97 genannt. Wir machen Sie darauf aufmerksam, daß Sie sich in Lieferungsverzug befinden. Als letzte Nachfrist setzen wir Ihnen den 08.08.97. Sollte die Lieferung nicht bis zu diesem Termin bei uns eingetroffen sein, werden wir die Annahme der Lieferung ablehnen und bei einem anderen Lieferanten einen Deckungskauf vornehmen. Die dadurch entstehenden Mehrkosten müßten wir Ihnen in Rechnung stellen. Im Interesse einer guten Geschäftsbeziehung bitten wir Sie, die vereinbarten Liefertermine in Zukunft pünktlich einzuhalten."

9. Nach Ablauf der Nachfrist kann der Käufer auf jeden Fall eine etwaige spätere Lieferung ablehnen. Der Vertragsrücktritt bzw. die Forderung von Schadenersatz wegen Nichterfüllung sind hingegen alternative Rechte. Tritt der Käufer vom Vertrag zurück, so wird der Kaufvertrag aufgehoben. Eine rechtliche Grundlage, auf deren Basis man einen Schadenersatz verlangen könnte, existiert in diesem Fall nicht mehr.

Im Prämiendschungel

1. Prämienvergleich ohne Policeumstellung

Versicherung	Prämie	Porsche	Jaguar	Saab	Gesamt
Kfz-Haftpflicht	alt	459,60 DM	536,20 DM	701,70 DM	1.697,50 DM
	neu	482,60 DM	563,00 DM	823,50 DM	1.869,10 DM
	Änderung in DM	23,00 DM	26,80 DM	121,80 DM	171,60 DM
	Änderung in %	5 %	5 %	17 %	10 %
Kasko	alt	830,00 DM	914,90 DM	212,60 DM	1.957,50 DM
	neu	981,50 DM	1.026,50 DM	235,60 DM	2.243,60 DM
	Änderung in DM	151,50 DM	111,60 DM	23,00 DM	286,10 DM
	Änderung in %	18 %	12 %	11 %	15 %
Gesamt	alt	1.289,60 DM	1.451,10 DM	914,30 DM	3.655,00 DM
	neu	1.464,10 DM	1.589,50 DM	1.059,10 DM	4.112,70 DM
	Änderung in DM	174,50 DM	138,40 DM	144,80 DM	457,70 DM
	Änderung in %	14 %	10 %	16 %	13 %

2. Prämienvergleich mit Policenumstellung

Konditionen	Porsche	Jaguar	Saab
Jährliche Fahrleistung in km	12.300	20.200	26.120
Garage	ja	ja	nein
Einzel- bzw. Doppelnutzer	nein	nein	ja

Versicherung	Prämie	Porsche	Jaguar	Saab	Gesamt
Kfz-Haftpflicht	neu - ohne Umstellung	482,60 DM	563,00 DM	823,50 DM	1.869,10 DM
	neu - mit Umstellung	441,80 DM	530,40 DM	816,30 DM	1.788,50 DM
	Änderung in DM	- 40,80 DM	- 32,60 DM	- 7,20 DM	- 80,60 DM
	Änderung in %	- 8 %	- 6 %	- 1 %	- 4 %
Kasko	neu - ohne Umstellung	981,50 DM	1.026,50 DM	235,60 DM	2.243,60 DM
	neu - mit Umstellung	932,50 DM	1.253,60 DM	235,60 DM	2.421,70 DM
	Änderung in DM	- 49,00 DM	227,10 DM	0,00 DM	178,10 DM
	Änderung in %	- 5 %	22 %	0 %	8 %
Gesamt	neu - ohne Umstellung	1.464,10 DM	1.589,50 DM	1.059,10 DM	4.112,70 DM
	neu - mit Umstellung	1.374,30 DM	1.784,00 DM	1.051,90 DM	4.210,20 DM
	Änderung in DM	- 89,80 DM	194,50 DM	- 7,20 DM	97,50 DM
	Änderung in %	- 6 %	12 %	- 1 %	2 %

3. Für den Porsche und den Saab würde sich eine Policenumstellung lohnen, für den Jaguar nicht. Im einzelnen sieht die optimale Kombination hinsichtlich der zu zahlenden Prämien so aus:

Prämie	Porsche	Jaguar	Saab	Gesamt
Police ohne Umstellung		1.589,50 DM		1.589,50 DM
Police mit Umstellung	1.374,30 DM		1.051,90 DM	2.426,20 DM
Gesamt	1.374,30 DM	1.589,50 DM	1.051,90 DM	4.015,70 DM

4. Prämienvergleich mit Policenumstellung nach geänderten Ausgangsdaten

Konditionen	Porsche	Jaguar	Saab
Jährliche Fahrleistung in km	14.760	19.200	30.120
Garage	nein	ja	nein
Einzel- bzw. Doppelnutzer	nein	nein	ja

	Prämie	Porsche	Jaguar	Saab	Gesamt
Kfz-Haftpflicht	neu - ohne Umstellung	482,60 DM	563,00 DM	823,50 DM	1.869,10 DM
	neu - mit Umstellung	490,90 DM	502,50 DM	902,20 DM	1.895,60 DM
	Änderung in DM	8,30 DM	- 60,50 DM	78,70 DM	26,50 DM
	Änderung in %	2 %	- 11 %	10 %	1 %
Kasko	neu - ohne Umstellung	981,50 DM	1.026,50 DM	235,60 DM	2.243,60 DM
	neu - mit Umstellung	981,50 DM	1.190,90 DM	247,40 DM	2.419,80 DM
	Änderung in DM	0,00 DM	164,40 DM	11,80 DM	176,20 DM
	Änderung in %	0 %	16 %	5 %	8 %
Gesamt	neu - ohne Umstellung	1.464,10 DM	1.589,50 DM	1.059,10 DM	4.112,70 DM
	neu - mit Umstellung	1.472,40 DM	1.693,40 DM	1.149,60 DM	4.315,40 DM
	Änderung in DM	8,30 DM	103,90 DM	90,50 DM	202,70 DM
	Änderung in %	1 %	7 %	9 %	5 %

5. Es lohnt sich keine Prämienumstellung. Für alle Fahrzeuge müßte dann noch mehr bezahlt werden. Bereits ohne Umstellung ist die Prämienerhöhung relativ hoch wie die Tabelle im einzelnen zeigt:

Prämie	Porsche	Jaguar	Saab	Gesamt
Police ohne Umstellung	1.464,10 DM	1.589,50 DM	1.059,10 DM	4.112,70 DM
Police mit Umstellung	ist höher	ist höher	ist höher	ist höher
Prämie altes Jahr	1.289,60 DM	1.451,10 DM	914,30 DM	3.655,00 DM
Änderung in DM	+ 174,50 DM	+ 138,40 DM	+ 144,80 DM	+ 457,70 DM
Änderung in %	+ 13,5 %	+ 9,5 %	+ 15,8 %	+ 12,5 %

6.

Wagner &
partner
Stormarnstr. 32
21465 Reinbek
0 40 - 7 22 22 22

Wagner & partner Postfach 21465 Reinbek

97-01-31

HUK-Coburg
Versicherungen
Bahnhofplatz

96445 Coburg

Versicherungsschein-Nr. 510/277072-Q

Sehr geehrte Damen und Herren,

wir sind über Ihre Prämienerhöhung nicht erfreut. Uns stehen Mehrkosten von 12,5 % ins Haus. Wir möchten Sie deshalb bitten, uns Vorschläge zu unterbreiten, wie diese Kosten aufgefangen werden können.

Eine Policenumstellung käme hierfür nicht in Frage. Sie wäre noch teurer.

Mit freundlichen Grüßen

Wagner & Partner

i.A.

Bärbel Kleinschmitt

15 % - Einer kassiert immer

1. a) Betriebsausgaben

Beleg	Vorgang	Netto-Betrag	Vorsteuer 15%	Brutto-Betrag
Shell	Tanken	107,83 DM	16,17 DM	124,00 DM
Yamato	Bewirtungen	164,35 DM	24,65 DM	189,00 DM
Deutsche Post AG	Briefmarken	50,00 DM	0,00 DM	50,00 DM
Gärtner	Büromöbel	432,97 DM	64,95 DM	497,92 DM
Specht	Wareneinkauf	6.700,00 DM	1.005,00 DM	7.705,00 DM
Systematics	Reparatur PC	337,39 DM	50,61 DM	388,00 DM
Telekom	Telefongebühren	135,74 DM	20,36 DM	156,10 DM
Bruhns-Reisen	Fahrkarten	280,00 DM	0,00 DM	280,00 DM
Mühlmann	Büromaterial	83,48 DM	12,52 DM	96,00 DM
Esso	Tanken	114,78 DM	17,22 DM	132,00 DM
Prediger	Schreibtischlampe	573,91 DM	86,09 DM	660,00 DM
Neun	Wareneinkauf	5.460,00 DM	819,00 DM	6.279,00 DM
Küchler	Miete	1.660,00 DM	0,00 DM	1.660,00 DM
Elf	Tanken	82,61 DM	12,39 DM	95,00 DM
China-Palast	Bewirtungen	85,22 DM	12,78 DM	98,00 DM
Deutsche Post AG	Briefmarken	40,00 DM	0,00 DM	40,00 DM
Telekom	Telefongebühren	121,00 DM	18,15 DM	139,15 DM
Esso	Tanken	77,39 DM	11,61 DM	89,00 DM
Mancino	Reparatur KFZ	1.280,00 DM	192,00 DM	1.472,00 DM
Mühlmann	Büromaterial	33,04 DM	4,96 DM	38,00 DM
Bittmann	Wareneinkauf	6.900,00 DM	1.035,00 DM	7.935,00 DM
Esso	Tanken	114,78 DM	17,22 DM	132,00 DM
Küchler	Miete	1.660,00 DM	0,00 DM	1.660,00 DM
Siebert	Wareneinkauf	7.500,00 DM	1.125,00 DM	8.625,00 DM
Shell	Tanken	107,83 DM	16,17 DM	124,00 DM
HEW	Strom	240,87 DM	36,13 DM	277,00 DM
Dresdner Bank	Gebühren	36,00 DM	0,00 DM	36,00 DM
Systematics	PC-Zubehör	172,17 DM	25,83 DM	198,00 DM
Telekom	Telefongebühren	100,00 DM	15,00 DM	115,00 DM
Bruhns-Reisen	Fahrkarten	280,00 DM	0,00 DM	280,00 DM
Schacht+Westrich	Büromaterial	39,15 DM	5,87 DM	45,00 DM
Esso	Tanken	114,77 DM	17,21 DM	132,00 DM
Küchler	Miete	1.660,00 DM	0,00 DM	1.660,00 DM
Summe	Betriebsausgaben	36.745,28 DM	4.661,89 DM	41.407,17 DM

1. b) Betriebseinnahmen

	Vorgang	Netto-Betrag	USt 15 %	Brutto-Betrag
1	Umsatzerlöse	3.450,00 DM	517,50 DM	3.967,50 DM
2	Umsatzerlöse	4.480,00 DM	672,00 DM	5.152,00 DM
3	Umsatzerlöse	540,00 DM	81,00 DM	621,00 DM
4	Umsatzerlöse	2.390,00 DM	358,50 DM	2.748,50 DM
5	Umsatzerlöse	475,00 DM	71,25 DM	546,25 DM
6	Umsatzerlöse	998,00 DM	149,70 DM	1.147,70 DM
7	Umsatzerlöse	5.888,00 DM	883,20 DM	6.771,20 DM
8	Umsatzerlöse	66,00 DM	9,90 DM	75,90 DM
9	Umsatzerlöse	2.123,00 DM	318,45 DM	2.441,45 DM
10	Umsatzerlöse	789,00 DM	118,35 DM	907,35 DM
11	Umsatzerlöse	3.456,00 DM	518,40 DM	3.974,40 DM
12	Umsatzerlöse	223,00 DM	33,45 DM	256,45 DM
13	Umsatzerlöse	789,00 DM	118,35 DM	907,35 DM
14	Umsatzerlöse	4.954,00 DM	743,10 DM	5.697,10 DM
15	Umsatzerlöse	4.520,00 DM	678,00 DM	5.198,00 DM
16	Umsatzerlöse	4.345,00 DM	651,75 DM	4.996,75 DM
17	Umsatzerlöse	1.890,00 DM	283,50 DM	2.173,50 DM
18	Umsatzerlöse	568,00 DM	85,20 DM	653,20 DM
19	Umsatzerlöse	6.789,00 DM	1.018,35 DM	7.807,35 DM
20	Umsatzerlöse	168,00 DM	25,20 DM	193,20 DM
21	Umsatzerlöse	5.256,00 DM	788,40 DM	6.044,40 DM
22	Umsatzerlöse	2.789,00 DM	418,35 DM	3.207,35 DM
23	Umsatzerlöse	1.953,00 DM	292,95 DM	2.245,95 DM
24	Umsatzerlöse	8.834,00 DM	1.325,10 DM	10.159,10 DM
25	Umsatzerlöse	1.098,00 DM	164,70 DM	1.262,70 DM
26	Umsatzerlöse	3.398,00 DM	509,70 DM	3.907,70 DM
27	Umsatzerlöse	123,00 DM	18,45 DM	141,45 DM
28	Umsatzerlöse	4.568,00 DM	685,20 DM	5.253,20 DM
29	Umsatzerlöse	377,00 DM	56,55 DM	433,55 DM
Summe	Betriebseinnahmen	77.297,00 DM	11.594,55 DM	88.891,55 DM

Lösungen

2.

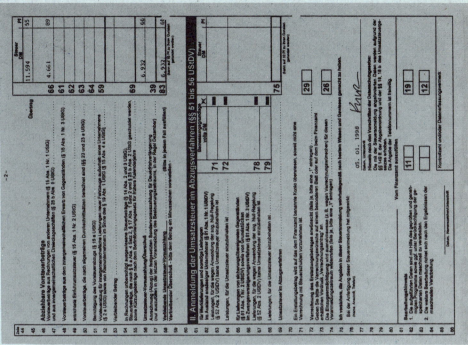

3. Buchungen bei der Ermittlung und Begleichung der Zahllast im laufenden Geschäftsjahr:

S	Vorsteuer		H	S	USt.		H
Summe	4.661,89	USt.	4.661,89	Vorsteuer	4.661,89	Summe	11.594,55
						Bank	6.932,66

Buchungen bei der Passivierung der Zahllast zum Geschäftsjahresende:

S	Vorsteuer		H	S	USt.		H
Summe	4.661,89	USt.	4.661,89	Vorsteuer	4.661,89	Summe	11.594,55
						SBK	6.932,66

4.

Privatnutzung KFZ	Bruttobetrag	USt. 15 %
Listenpreis Boxster * Metallic * Hardtop * Diebstahlsicherung	76.500,00 DM 1.480,00 DM 3.900,00 DM 890,00 DM	
Anschaffungskosten	82.770,00 DM	
1 % Privatnutzung/Monat 20 % USt.-Abschlag	827,70 DM	124,16 DM – 24,83 DM
Privatnutzung/Monat		927,03 DM

* Sonderausstattung

5.

	Nettobetrag	USt. 15 %	
Listenpreis Boxster * Metallic * Hardtop * Diebstahlsicherung	66.521,74 DM 1.286,96 DM 3.391,30 DM 773,91 DM	9.978,26 DM 193,04 DM 508,70 DM 116,09 DM	
Anschaffungskosten	71.973,91 DM	10.796,09 DM	Vorsteuer

6.

Netto-Anschaffungskosten	71.973,91 DM
Nutzungsdauer	5
Lineare AfA/pro Jahr	14.394,78 DM

Stichwortverzeichnis

Ablauforganisation 47, 131
Abschreibungsplan 57
Akzept 149
Anfrage 70, 155
Angebot . 67,68,70,78,81,83, 153, 155
Angebotsmonopol 147
Angebotsoligopol 147
Angebotspolypol 147
Anzeige 23
Arbeitsanweisung 48, 132
Arbeitslosenversicherung 41, 125
Aufbauorganisation 119
Aufgabenanalyse 33
Auftragsbestätigung 73

Backup 106
Barwert 64, 150
Beitragsbemessungsgrenze 41
Besitzwechsel 64, 149
Bestellkosten .... 52, 140 f
Bestellung 69,82, 153
Betriebsausgaben 169
Betriebseinnahmen 170
Bildschirmarbeitsplatz 32
Bürogeräte 32
Büromöbel 32, 117
Büroorganisation 29, 31, 115, 117
Bus 106

Cache 20, 105
CD Laufwerk 107
CD ROM 20, 105

D 1-Netz 9, 103, 104
D 1-Tarif 12
D 2-Netz 9, 102, 103, 104
D 2-Tarif 11
Datensicherung 17, 22
Datenspiegelung 22
DIN-Norm 23, 109
Direct-Mail 23, 28
Direktorialsystem 124
Diskont .... 63 f, 149 f
Diskontsatz 63, 149
Diskontteiler 151
Diskontzahl 151

E-plus-Netz 9, 103, 104
EDV-Anlage 22
EDV-Komponente 15, 107
Einliniensystem 121
Entscheidungssystem 35
EU-Richtlinie 31

Fax 18
Fixkosten 11, 102
Floppy 21, 106

Gehaltsabrechnung 39, 43, 45, 125
Gehaltsbuchungen 43
Gesamtkosten 11, 102, 141
Giga Byte 20, 105
Grafikkarte 106

Handy 12
Hardware .... 15 f, 20, 105

Interface 21, 106
Internet 18
ISDN 32, 118
ISDN-Karte 10

Kaufvertrag 154
Kfz-Haftpflichtversicherung ... 87, 165
Kirchensteuer 125
Kollegialsystem 124
Kosten, variable 11, 102
Kostenfunktionen 102, 103
Krankenversicherung 41, 125
Kundenauftrag 47, 131
Kundenreklamation 48, 133

Lager 52, 135
Lagerarten 135
Lagerbestand, durchschnittlicher 52, 136
Lagerdauer 137
-, durchschnittliche 137
Lagerkarte 51
Lagerkennzahlen 52
Lagerkennziffern 136
Lagerkosten .... 51 f, 139, 141

Lagerzinsen 52, 138, 139
Lagerzinssatz 138, 139
Leasing .... 53 f, 143
Leasingrate 57
Leasingvertrag 143
Lieferungsverzug 84, 161, 162
Lieferzeit 84
Lieferzeitpunkt 161
Linienorganisation 36
Lohn- und Gehaltsbuchung 129
Lohnsteuer 125
Lohnsteuerkarte 40
Lohnsteuertabelle 42

Main Board 21, 106
Mängel 157
Mängelrüge 157
Marktanalyse 59
Mega Byte 20, 105
Mega Hertz 105
Mehrlinienorganisation 36
Mehrliniensystem 122
Mobilfunk 9, 101
Mobilfunk-Tarife 9, 101
MPR II-Norm 32, 117

Nachfrist 161
Nettogehalt 125
Normvorschriften 23

Online-Verbindung 32
Organigramm .... 35 f, 121
Organisationsgrundsätze 123

Stichwortverzeichnis

Pflegeversicherung 41, 125
Prämie 165
Pressetext 23
Produktlebenszyklus 60, 147
ProTel D 1 .... 10, 101
Prozessor 20, 105
Public Relations 147

Qualitätsmängel 157

RAM 20, 105
Rentenversicherung 41, 125

Schnittstelle 20, 105
Schuldwechsel 64, 149
Serienbrief 27
Software 15, 17
Solidaritätszuschlag 125
Sozialversicherung 41
Stablinienorganisation 36
Stabliniensystem 122
Stellenanalyse 34
Stellenbeschreibung 34, 120
Stellung 79
Stellvertretung 34
Surfer 16, 20, 105

Tabellenkalkulation 58, 87
Tabellenkalkulationsprogramm 93, 97
Telekommunikation 32
Telly D 1 .... 10, 101
Textverarbeitung 23, 28, 109

UMP 147
Umsatzsteuer 93, 170
Umsatzsteuervoranmeldung ... 93, 171
Umschlaghäufigkeit 52, 137, 139
USP 147

Vermögenswirksame Leistungen .. 125
Versicherung 87, 165
Versicherungspflichtgrenze 41
Versicherungsprämie .... 88 f
Vorsteuer 169

Wechsel 63, 149
Weisungssystem .... 35 f
Werbung 148
Wettbewerb 59, 147
Windows 106
Workstation 17

Kompendium der praktischen Betriebswirtschaft

Lexikon der Betriebswirtschaftslehre

Von Diplom-Kaufmann Professor Klaus Olfert und Diplom-Kaufmann Diplom-Betriebswirt Horst J. Rahn

2. Auflage. 1997. 609 Seiten.
DM 39,80
ISBN 3 470 **45602** X

Auf vielfachen Wunsch erschien 1996 als 20. Band des bewährten „Kompendiums der praktischen Betriebswirtschaft" das „Lexikon der Betriebswirtschaftslehre". Schon nach einem Jahr war auf Grund des guten Anklangs die 2. Auflage erforderlich. Das Lexikon will dem Leser die betriebswirtschaftlichen Begriffe und deren Zusammenhänge vermitteln. Es enthält darüber hinaus Hinweise auf die aktuelle Literatur, die ein weiteres Eindringen in die Betriebswirtschaft ermöglichen.

Auch das Lexikon besticht, wie alle Olfert-Bücher, durch seine klare, knappe und systematische Darstellungsform. 5.000 Stichworte vermitteln den Stoff im lexikalischen Teil des Buches. Übersichtliche Kästchen, leicht lesbare Textblöcke und optische Hervorhebungen gehören zum Standard.

Die Stichworte sind verständlich beschrieben, die betriebswirtschaftlichen Sachverhalte praxisgerecht dargestellt. Zahlreiche Strukturbilder vermitteln einprägsam die Zusammenhänge der Begriffe.

Zahlreiche Abbildungen, Tabellen, Übersichten und praktische Beispiele ergänzen die Stichworte. Ein umfangreicher Findex im „blauen Teil" des Lexikons enthält zusätzlich 7.500 Stichworte und rund 25.000 Verweise auf den lexikalischen Teil. Der „graue Teil", das Literaturverzeichnis, nennt rund 2.000 aktuelle Quellen.

Damit besitzt der Leser ein Nachschlagewerk, das ihm den gezielten Zugang zu den betriebswirtschaftlichen Begriffen und ihrer Zusammenhänge ermöglicht.

Das Lexikon wendet sich an Studierende der Betriebswirtschaft, aber auch an Praktiker der Wirtschaft, die ein kompaktes Nachschlagebuch zu den Themen der Betriebswirtschaft suchen.

Bestellen Sie bitte bei Ihrer Buchhandlung oder per Fax unter: 06921/63 502-22

 Kiehl Verlag · 67021 Ludwigshafen